»Alles Sein ist flammend Leid.«
(Franz Marc, 1880 – 1916)

Bibliografische Information der Deutschen Nationalbibliothek
Die Deutsche Nationalbibliothek verzeichnet
diese Publikation in der Deutschen Nationalbibliografie;
detaillierte bibliografische Daten sind im Internet
über http://dnb.d-nb.de abrufbar.

2. Auflage 2017

© 2017 Verlag der Ideen, Volkach
www.verlag-der-ideen.de

ISBN 978-3-942006-28-6

Covergestaltung und Satz:
Jonas Dinkhoff, www.starkwind-design.de

Coverfotografie: Corinna Gänßle

Printed in Germany

Auch als E-Book erhältlich: ISBN 978-3-942006-88-0

Vera Maria

Die unheimliche Magie der PSYCHOSE
Eine Erfahrung

Verlag der Ideen

Für meinen Partner, der immer geduldig für mich da ist,
für meine Familie und meinen Papa, die mich
immer unterstützen und für meine höhere Macht,
die mich wirklich sehr lieben muss.

Danke!

Vorwort

Ich heiße Vera Maria und bin vierundzwanzig Jahre alt. Ich hatte ein normales und schönes Leben, bis sich bei mir mit ungefähr siebzehn Jahren eine Angststörung einstellte, die sich im Laufe der Zeit zu einer schizoaffektiven Störung entwickelte.

Meine psychische Erkrankung hätte mich fast das Leben gekostet, aber auf ihrem Höhepunkt, während einer Psychose, wurde mir auf geheimnisvolle Weise das Leben wieder geschenkt.

Mithilfe der folgenden Seiten habe ich die letzten Jahre aufgearbeitet und schildere, wie ich es schaffe, mein Leben mit der Erkrankung zu meistern und sogar zu genießen.

Meine Gedanken kreisen um die Frage, ob ich komplett verrückt bin, weil ich mich von manchem Gedankengut meiner Psychose nicht distanzieren kann, auch in »normalem« Zustand nicht. Es sind religiöse und allumfassende Wahrheiten, die sich mir in der Psychose offenbart haben. Bin ich anmaßend? Gänzlich übergeschnappt? Steht womöglich mein Glaube meiner geistigen Gesundheit im Wege? Oder kann eine Psychose auch heilsam wirken und spirituelle Elemente und Wahrheiten enthalten, deren Reichtum man einfach spürt, als wären sie Naturgesetze?

Die Schulmedizin jedenfalls verneint diesen Gedanken und betont die krankhaften Aspekte einer Psychose. Ich habe so eine ähnliche Frage einmal in einem psychologischen Internetforum gestellt. Daraufhin erhielt ich unter anderem eine sehr kritische und zweifelnde Antwort:

»Es ist Spinnerei zu behaupten, eine Psychose könnte mehr sein als das, was sie ist, nämlich eine Krankheit. Der Gedanke, eine Psychose könne irgendein Potenzial enthalten, ist schlichtweg dumm und entspringt wahrscheinlich deinem psychotischen Gedankengut, ist also Teil deiner Krankheit. Wenn du wieder in die Normalität zurückfindest, wirst du dies einsehen. Auch die religiösen Wahrheiten, die du zu entdecken glaubtest, würden wohl von Theologen so nicht bestätigt werden ...« Wer hat also recht?

Nun, meine folgende Geschichte ist keine wissenschaftliche Abhandlung, sondern eine Schilderung der Ereignisse, die ich erlebt habe, und ich denke, niemand kann mit Gewissheit sagen, wo die Grenze zwischen Wahrheit und Illusion tatsächlich verläuft. Nach meinen eigenen schmerzlichen, existenziellen Erfahrungen bin ich der Überzeugung, dass es diese Grenze auch gar nicht gibt, sondern die Konturen ineinander verlaufen und so unsere durchaus legitime subjektive Wirklichkeit entsteht.

Ich habe gelernt, auf meine Gefühle zu vertrauen, und nachdem Sie dieses Buch gelesen haben, vor allem das erste Kapitel, bitte ich Sie, über diese Fragestellungen noch einmal nachzudenken und dann für sich zu entscheiden.

Ein zweiter Leitgedanke meines Buches ist die Notwendigkeit der Annahme von Leid, das Entdecken eines Sinns im Leid und damit ein konstruktiver Umgang mit den Schattenseiten des Lebens.

Wenn dich die Angst beherrscht
mit all ihrer Macht

Angst um meine Gesundheit
Angst um die Gesundheit anderer
Angst vor dem Betrügen
Angst vor dem Betrogenwerden
Angst vor dem Verletzen
Angst, verletzt zu werden
Angst vor dem Denken
Angst vor dem Handeln
Angst vor Menschen
Angst um Menschen
Angst vor der Liebe
Angst um die Liebe
Angst vor Verantwortung und vor dem Alltag
Angst vor dem Leben

Kapitel 1

»Ich fürchte, ja. Du bist übergeschnappt, hast eine Meise, bist nicht ganz bei Sinnen. Aber weißt du, was? Das macht die Besten aus!« (Alice im Wunderland)

Ein langer, verworrener Weg liegt vor mir ...

Der wundersame Fernseher

Wie gebannt starre ich auf den Fernseher, der vor mir steht. Ich sehe darin Ausschnitte eines alten Heimvideos. Meine Familie, mein Freund, Menschen, die ich liebe, und – mich selbst. Die erste Szene, die ich anschaue, zeigt meine Mutter, die gerade ihr neues Geschäft eröffnet – einen Blumenladen. Sie lacht in die Kamera und strahlt über das ganze Gesicht, schließlich hat sie sich ja ihren größten Traum erfüllt. Schon immer liebte sie die Gartenarbeit und war von der Schönheit der Pflanzen und Blumen fasziniert. Sie verbringt Stunden in unserem Garten, und nun hat sie endlich ihr Hobby zum Beruf gemacht. In dem Laden herrscht reger Betrieb, Stimmengewirr, das Klirren von Sektgläsern. Es sind sehr viele Menschen gekommen.

Dann ist die Szene zu Ende. Nun ist mein Papa zu sehen. Er steht wie ein Priester auf einem Podest vor einer Menschenansammlung und spricht zu ihnen. Die Leute hören ihm aufmerksam zu. Papa lächelt kurz in die Kamera und spricht dann eilig weiter. Er scheint voll in seinem Element zu sein und genießt es sichtlich, dass das Publikum so interessiert seinen Erzählungen folgt.

Worum es geht, verstehe ich nicht genau, dazu ist der Ton des Videos zu leise, aber ich bin mir sicher, dass es etwas Spirituelles ist. Mein Papa ist ein sehr weiser Mann, der sich schon immer für viele Themen interessiert hat, sei es nun Literatur, Religion, Philosophie, Astronomie oder was auch immer. Schon oft hatte er mir etwas über diese Themen erzählen wollen, doch ich war meist eher desinteressiert.

Umso mehr genießt er jetzt seinen ganz persönlichen Triumph, auch wenn er es selbst noch nicht zu glauben scheint, dass er sein Wissen anderen nahebringen kann und ihm die Menschen tatsächlich zuhören, ihr aufrichtiges Interesse zeigen und er dadurch in die Rolle eines Predigers schlüpfen kann. Er zwinkert noch einmal kurz in die Kamera, dann ist auch diese Szene zu Ende. In der nächsten Szene sehe ich eine Frau und einen Mann auf einer roten Couch sitzen. Die beiden kommen mir sehr vertraut und fremd zugleich vor. Das Mädchen hat ein blasses Gesicht, schulterlange, braune Haare und ist sehr schlicht gekleidet. Der Mann hat ein liebes, rundes Gesicht und hält die Hand der Frau. Die beiden sind offensichtlich ein Liebespaar. Während die Frau aufgeregt in die Kamera spricht, schweigt der Mann und lächelt in sich hinein. Ich starre das Bild auf dem Fernseher fassungslos an und nur langsam begreife ich, was ich da sehe ...

Das bin ich, die Frau, die Frau im Fernseher bin ich – aber sehr verändert. Mein »Ich« im Fernseher hat keine Tattoos und ist sichtlich älter, als ich es jetzt bin. Den Mann erkenne ich nicht sofort, erst sehr viel später sollte mir klar werden, dass dieser Mann mein Freund Noah ist, doch er sah im Fernseher so verändert aus, dass ich ihn in diesem Moment nicht erkannte. Ich verstehe die Welt nicht mehr. Oder zumindest das nicht, was ich hier im Fernseher sehe. Ich versuche mich zu erinnern, wann diese Aufnahmen gedreht worden sind, aber vergeblich. Auch verstehe ich die äußerliche Veränderung meines »Ichs« im Fernseher nicht. Ich hatte noch nie so kurze Haare.

Obwohl ich einerseits sehr verwirrt bin und auch sprachlos angesichts meines munter weiterplappernden »Ichs« im Fernseher, bin ich begierig, noch mehr zu sehen, als die Szene auch schon vorbei ist.

Plötzlich erscheint ein großes Haus auf dem Bildschirm, umgeben von wunderschöner Natur. Das Haus ist in goldrotes Licht getaucht und erinnert etwas an einen alten Bauernhof, wie es ihn in der bayerischen Landschaft, aus der ich komme, so oft gibt. Doch das Haus ist nicht einfach nur irgendein Haus für mich. Es schaut einladend aus und ich bin mir sicher, ich würde mich in ihm geborgen und zu Hause fühlen. Dann wird das goldrote Licht immer intensiver und überstrahlt das Haus.

Nun ist ein Sonnenuntergang oder -aufgang zu sehen und dazu erklingt eine wundervolle, harmonische, glückselig machende Melodie, so wie ich sie noch nie gehört habe. Später habe ich oft versucht, mir die Melodie wieder ins Gedächtnis zu rufen, mich jedoch nur an den Eindruck und die Gefühle erinnern können, die sie in mir hervorgerufen hatte, nicht an die Melodie selbst.

Dann überkommt mich eine tiefe Müdigkeit. Ich schalte den Fernseher aus und gehe den langen Gang zu meinem Zimmer, meinem Zimmer in der Psychiatrie, in Gedanken noch ganz bei dem Video, das ich gerade gesehen habe.

Ich weiß nicht mehr, wann mir gänzlich klar wurde, was es mit dem Video tatsächlich auf sich hatte. Es ist wie in manchen Träumen: Man realisiert oft lange nicht – oder sogar nie – was einen Bezug zur Realität hat und was nicht.

Doch dies war nicht einfach ein Traum. Trotzdem ist mein Papa kein Prediger, denn er arbeitet bei einem großen Chemiekonzern, und meine Mama besitzt keinen Blumenladen, sondern ist Hausfrau. Auch Noah und ich sind noch nicht so alt wie in dem Video. Der Film zeigte eine mögliche Zukunft. War es aber auch wirklich DIE Zukunft? Oder war es Wunschdenken?

Früher hätte man von einer Vision gesprochen. Heute nennt man mein Erlebnis mit dem Fernseher eine optische Halluzination. Die mir zugewiesene Psychiaterin hat mir erklärt, dass es bei meinem Krankheitsbild oft akustische Halluzinationen gibt, optische wären seltener.

Halluzination, Trugbild, Geisteskrankheit, Wahnsinn. Oder doch eher Hellsehen, Vision und Segen? Diese Frage wird mich noch lange beschäftigen. Doch eines ist sicher. Irgendwie geben mir diese Videoausschnitte Hoffnung – auch wenn sie nur im meinem Kopf existieren.

Geisteskrank?

Wie man nun vermuten kann, stimmt etwas in meinem Kopf nicht so ganz. Das klingt hart – ist aber die Realität, meine Realität, mit der ich tagtäglich zu kämpfen habe.

Meine Diagnose lautet: schizoaffektive Störung. Anfangs hieß die Diagnose noch Angstneurose und Depression. Die angebliche einfache Depression entwickelte sich dann zu einer bipolaren Störung. Bipolar bedeutet manisch-depressiv, also das Schwanken zwischen extremer Euphorie (Manie) und Depression. Bei mir wurde zuerst eine Bipolar-2-Störung diagnostiziert, die dadurch gekennzeichnet ist, dass die manischen Phasen im Vergleich zu den depressiven deutlich schwächer waren (hypomanische Episoden). Es fühlte sich so an, als wäre ich tagelang ununterbrochen auf Ecstasy-Trip. Dies war der »angenehme« Teil. Doch das Abrutschen in eine Depression ließ nicht lange auf sich warten. Meine Depressionen waren so extrem ausgeprägt, dass ich während dieser depressiven Phasen vier Suizidversuche unternahm.

Schnell wurden die leichteren Manien, also die Hypomanien, ausgeprägter und intensiver. Ich entwickelte die klassische Form der bipolaren Störung mit Schwankungen zwischen extremer Manie und tiefer Depression.

In einem Buch über bipolare Störungen habe ich gelesen – ich zitiere, wie ich es in Erinnerung habe: »... und manchen bedauernswerten Patienten ist es nicht vergönnt, zwischen ihren manischen und depressiven Phasen eine Pause zu haben, also eine Zeit lang in einem normalen, ausgeglichenen Zustand zu verweilen.« Das war auch bei mir der Fall. Manie und Depression wechselten sich rasend schnell ab. In der goldenen Mitte, in der psychisch gesunde Menschen den Großteil ihres Lebens verbringen, befand ich mich nur selten.

Zudem hatte und habe ich auch immer noch die Angststörung, die sich bei mir durch Zwangsgedanken und Grübelzwänge bemerkbar macht und die besonders in den depressiven Phasen dominant wurde. Die Depression verstärkte die Angst und den Zwang, der Zwang verstärkt die Depression – ein schrecklicher Teufelskreis. Zwänge fühlen sich an wie ein Gitter, das einen mehr und mehr umschließt, einengt und zu erdrücken droht. Wenn man dann manisch wird oder auch nur in eine normale Phase kommt, fühlt es sich unglaublich befreiend an, wenn man plötzlich aus diesem Gitter ausbricht und in eine explosive Gefühlswelt regelrecht katapultiert wird. Ähnlich fühlt sich wohl ein Taucher, der kurz vor dem Ertrinken in letzter Sekunde die Wasseroberfläche erreicht und begierig nach Luft schnappt.

In manischen Phasen waren die Ängste wie weggeblasen. Ich war in der Manie immer komplett frei von Ängsten und quälenden Grübeleien. Doch das Heimtückische an den Manien war, dass ich extrem übermütig und leichtsinnig wurde. Mein Verhalten während der manischen Phasen war mir hinterher immer extrem peinlich, die Gefühle der Reue entsprechend ausgeprägt, was mir anschließend in den zwingend nachfolgenden depressiven Phasen natürlich reichlich Stoff zum Grübeln bot. An der Weiterentwicklung zur schizoaffektiven Störung war ich schließlich selbst schuld.

Eine schizoaffektive Störung hat im Vergleich zur reinen bipolaren Störung noch einen psychotischen Anteil. Meist treten die Psychosen in der Manie auf. Ich hatte also Depressionen und Manien mit psychotischen Episoden. Bis jetzt habe ich zwei bis drei Psychosen erlebt. Ich sage zwei bis drei, weil ich zwei Psychosen ganz sicher hatte und mir bei einem weiteren manischen Zustand nicht sicher bin, inwieweit er bereits psychotische Züge aufwies.

Warum ich an der Entwicklung zur schizoaffektiven Störung selbst schuld war? Nachdem ich lange depressiv war und auch starke Angstzustände hatte, habe ich selbst beschlossen, die Dosis meiner Antidepressiva zu erhöhen, ohne dabei mit einem Arzt Rücksprache zu halten – ein fataler Fehler. Ich wurde dadurch in eine derart starke Manie katapultiert, dass ich total psychotisch wurde. Während dieser Psychose hatte ich jede Menge rätselhafter Erlebnisse, aber an vieles kann ich mich nur verschwommen oder gar nicht mehr erinnern.

Manche Erinnerungen aus der Psychose kommen mir in meinen Träumen oder in entspannten Zuständen kurz wieder ins Gedächtnis, aber wenn ich sie festzuhalten versuche, entgleiten sie mir. Oft habe ich das Gefühl, eine Blockade oder Barriere im Kopf zu haben, die es mir unmöglich macht, mich präzise zurückzubesinnen und die Erinnerungen konkreter werden zu lassen. Die beiden klassischen manischen Psychosen, die ich kurz aufeinanderfolgend durchlitt, habe ich großteils in der Psychiatrie erlebt.

Nachdem ich wegen der selbst verordneten Überdosierung der Antidepressiva psychotisch und in die Psychiatrie eingeliefert wurde, bekam ich starke Beruhigungsmittel, die mich nach einiger Zeit wieder in die Normalität beförderten und die Psychose abklingen ließen. Doch die dämpfenden Medikamente wurden zu schnell reduziert und so fiel ich wieder in die Psychose zurück. Die beiden Psychosen verschwimmen in meinem Gedächtnis ineinander, aber für mich spielt es jetzt auch keine Rolle mehr, welche Erlebnisse und Eindrücke wohin zuzuordnen sind.

Eines haben sie gemeinsam: Es waren Erlebnisse, die mich völlig überforderten und mich, wie die Pfleger erzählten, regelmäßig darum betteln ließen, den Beruhigungsraum aufsuchen zu dürfen. Dies ist ein isoliertes, abgeschlossenes Zimmer, in dem sich ein Fenster, ein Bett und eine Toilette befinden und man völlig alleine einige Stunden oder Tage verbringt und nur Kontakt zur Außenwelt hat, wenn man entweder penetrant den Schwestern klingelt oder etwas zu essen bekommt. Warum mich diese Ereignisse während der Psychose so überforderten? Ich denke, das Erlebnis mit dem Fernseher, das ich schon berichtet habe, liefert einen ersten Eindruck. Da war aber noch viel mehr. Ich bin während meiner Psychose in der Notaufnahme des Himmels gelandet, habe Götter gesehen und mit ihnen gesprochen und mit den Reinkarnationen des gesteinigten Jesus und Hitlers gesprochen. Ich bin Yin und Yang begegnet, habe mich mit dem Tod unterhalten, war für einen alten weisen Gott einkaufen und habe meinem Freund den Apfel der Entwicklung und Weisheit geschenkt.

Das alles habe ich in der Psychose erlebt. Ich weiß bis heute nicht, inwieweit ich halluziniert und Wahrheit und Realität mit Krankheit vermischt habe. Als gläubiger Mensch bin ich der festen Überzeugung, dass es Dinge gibt, die man sich nicht mit dem Verstand erklären kann. Für die Ärzte ist es Krankheit. Für Theologen wäre es ein Wunder. Was ist es für mich? Ich weiß es immer noch nicht.

Kann es sein, dass ich Dinge halluziniert habe, die aus meinem Unterbewusstsein projiziert wurden? Ich habe während dieser Psychosen plötzlich Dinge gewusst, die ich im Grunde nicht wissen kann. So habe ich beispielsweise beim Betrachten eines Schachbretts und eines Klaviers Grundzüge des Buddhismus verstanden, obwohl ich mich nie zuvor mit der buddhistischen Religion befasst habe. Ich denke, ich habe auf ein Wissen zugreifen können, das jeder von uns in sich trägt, aber wie in einer Schatztruhe fest verschlossen ist, in die man nur in erweiterten Geisteszuständen, ausgelöst beispielsweise durch Krankheit oder Drogen, zugreifen kann. War und bin ich geistig krank oder geistig erweitert?

Mein Freund Noah, dem ich viel über die Psychose erzählt habe, hat einmal gesagt, manche Menschen würden für so eine Erfahrung ihr Leben geben.

Hintergrundinformationen zu meinen Erkrankungen

Ganz normal ist auch nicht normal ...

Für ein besseres Verständnis meiner Erkrankungen will ich nun die psychischen Krankheiten Zwangsneurose und die schizoaffektive Störung mit meinen eigenen Worten näher erklären und Hintergrundinformationen dazu geben, die ich in dem Buch »Psychologie« von Gerrig und Zimbardo gefunden habe.

Die Zwangsstörung

Zwangsneurosen gehören zu der Kategorie der Angststörungen und nötigen den Betroffenen zu bestimmten Denk- und Verhaltensmustern, denen er dann zwanghaft unterliegt. Oft wird mit Zwangsneurose das klassische Beispiel eines Menschen verbunden, der Angst vor Infektionen hat und sich deshalb unzählige Male die Hände waschen muss, oder man denkt an eine Hausfrau, die den ganzen Tag putzt. Es wird unterschieden zwischen Zwangsgedanken und Zwangshandlungen sowie einer Mischform. Viele von uns kennen eine leichte Form von Zwängen, die sich beispielsweise in Gedanken äußert wie »Habe ich die Türe abgeschlossen?« oder »Ist der Herd auch wirklich aus?«.

Wenn solche Gedanken oder auch Handlungen öfter und intensiver als gewöhnlich vorkommen und sich die damit einhergehenden Denk- und Handlungsmuster sukzessive verstärken und zeitaufwendiger werden, ist der betreffende Mensch bereits auf dem leidigen und steinigen Weg in eine klassische Zwangsneurose. Es gibt viele Spielarten der Zwangsstörung, beispielsweise aggressive Zwangsgedanken, bei der sich Gedanken aufdrängen, man könnte jemanden verletzen, sowie Grübelzwänge, Zählzwänge, Kontrollzwänge und auch Ordnungs-, Sauberkeits- und Putzzwänge.

Die Zwangsneurose ist eine psychische Erkrankung, die einen sehr hohen Leidensdruck verursachen kann, da der Betroffene, sozusagen bei klarem Verstand, seine Krankheit realisiert und zugleich ohnmächtig erlebt, dass er nicht mehr imstande ist, die quälenden Gedankenströme zu unterbrechen. So beginnt er immer mehr am eigenen Geisteszustand zu zweifeln.

Obwohl die Zwangsgedanken, deren Folge auch oft Zwangshandlungen sind, als unsinnig und unangebracht vom Betroffenen empfunden werden, muss dieser sie denken oder ausführen, damit ein unbeschreiblich schreckliches Gefühl unterdrückt wird, das grenzenloser Angst und Panik am nächsten kommt.

Oft suchen sich die Betroffenen erst sehr spät Hilfe, und zwar aus Scham oder Angst vor den Reaktionen ihres Umfelds. Schätzungsweise 1,6 % der Bevölkerung leidet unter einer Zwangsneurose. Die Dunkelziffer dürfte aber viel höher liegen.

Die schizoaffektive Störung

Die schizoaffektive Störung ist eine Sonderform der bipolaren Störung. Dabei schwankt der Betroffene zwischen Phasen der Manie und der Depression. Manische Stimmung ist gekennzeichnet durch Euphorie und Übermut, himmelhoch jauchzend und voller Energie.

Sie steht im großen Kontrast zur Depression, die durch ein Leeregefühl und tiefe Verzweiflung geprägt ist. In den ersten Jahren dieser Erkrankung ist die Suizidrate sehr hoch, da der Erkrankte oft aus einer Manie direkt in die Depression fällt und der Unterschied der Stimmungen dadurch noch größer ist, als wenn er aus einem normalen Zustand in eine Depression fällt. Viele Betroffene erleben zwischen diesen Extremen auch normale Phasen. Ist dies nicht der Fall, spricht man von »Rapid Cycling«. Dies ist besonders anstrengend für Geist und Körper, da man nie eine Ruhepause und Zeit zum Aufatmen hat.

Bei der schizoaffektiven Störung liegt ebenfalls ein Wechsel von Manie und Depression vor, allerdings sind meist die manischen Phasen – seltener die depressiven Phasen – noch durch eine Psychose gekrönt, in welcher der erkrankte Mensch oft einem Realitätsverlust unterliegt und akustische sowie optische Halluzinationen wahrnimmt, also Stimmen hört oder Dinge sieht, die nicht real sind.

Oft können sich die Betroffenen an manische Phasen nur schlecht oder gar nicht erinnern, was wohl eine

Schutzfunktion des Gehirns ist, da sie in manischen Phasen unüberlegte und peinliche Dinge tun. Typisch für eine Manie ist das viele Geldausgeben für unsinnige Dinge, wenig Schlaf und Gereiztheit sowie hohe Aktivität. Es gibt neben der klassischen Manie noch die Hypomanie, die nicht ganz so intensive manische Ausprägungen zeigt. Die Depression steht im starken Kontrast zur Manie und kennzeichnet sich durch Antriebslosigkeit und Grübeln. Viele Menschen, die eine Depression erleben, ziehen sich zurück und bleiben beispielsweise den ganzen Tag im Bett liegen, was ihren Zustand noch verschlimmert. Diese Erkrankung lässt sich heutzutage sehr gut medikamentös behandeln.

Jeder ist mal stark und mal schwach

Erinnerungsfetzen aus der Psychose

Im Folgenden will ich nun die psychotischen Erinnerungen schildern, die ich an die Zeit während der Fahrt in die Klinik und meines stationären Aufenthaltes habe.

Da ich – wie bereits erwähnt – nicht mehr alles weiß und die Ereignisse auch nicht chronologisch erzählen kann, weil in meiner Erinnerung vieles so ineinander verschwimmt, verwoben und undurchsichtig ist, werde ich einfach das ausschnittsweise erzählen, was ich noch aus der Psychose weiß.

Die Fahrt im Notarztwagen

Ich liege in einem Notarztwagen, den die Großeltern meines Freundes Noah gerufen haben, bei denen ich vor dem Ausbrechen der Psychose wohnte. Ich habe die Tage zuvor eine Achterbahnfahrt der Gefühle erlebt. Weinen, Lachen, Angst, Freude, Trauer, Hoffnung, dann wieder Hysterie, aber auch entspannte Phasen, um anschließend erneut in diese Achterbahn der Gefühle einzusteigen.

Alles vermischt sich. Ich kann keinen klaren Gedanken mehr fassen. Plötzlich stehen Rettungsassistenten in der Wohnung und nehmen mich mit. Ich liege also im Notarztwagen und meine zu bemerken, wie mir das Blut die Kehle hochsteigt. Ich sage zu den Rettungsassistenten, wenn ich jetzt sterbe, sei es in Ordnung und ich hätte kein Problem damit.

Die Rettungsassistenten fragen, ob ich Drogen genommen habe. Ich weiß es nicht, habe aber in der Wohnung der Großeltern ein Glas Wasser getrunken, das total bitter geschmeckt hat, weshalb ich dachte, es wäre eine Opiatmischung Noahs, die ich bewusst in einem Zug getrunken hatte, um so zu verhindern, dass Noah sie trinken konnte.

Noah hat zu dieser Zeit noch Opiate konsumiert. Opiate sind eine Gruppe von Drogen, die auch in manchen Schmerzmitteln enthalten sind. Heroin ist das stärkste bekannte Opiat. Noah schwört, dass er nichts davon in der Wohnung hatte herumstehen lassen. Da ich ihm blind vertraue, glaube ich ihm. Zudem war ich in diesem Augenblick höchst psychotisch und bin deshalb mittlerweile der Überzeugung, dass ich mir den bitteren Geschmack einfach eingebildet habe und auch meine Erinnerungen im nächsten Kapitel, bedingt durch die Psychose, lediglich meine subjektiven Eindrücke waren, die durch Vermischen halluzinierter und realer Erlebnisse zustande gekommen sind. Zum nächsten Kapitel ist noch zu sagen, dass ich mich laut Arztbericht tatsächlich im Universitätsklinikum befunden habe, in das ich von den Sanitätern gebracht wurde, bevor ich in die Psychiatrie verlegt wurde.

Die Notaufnahme des Himmels

Ich werde in ein Krankenhaus eingeliefert. Alles wirkt irgendwie irreal. Ich scheine in einer Art Zwischenwelt zu sein und werde in einen Saal gebracht, in dem einige andere Personen schon in Betten liegen. Mir wird ebenfalls ein Bett zugeteilt. Dort soll ich einen Augenblick warten.

Die Angst, tot zu sein, beginnt mich zu quälen. Die Ärzte lassen mich nach einer kurzen Visite wieder alleine. Seltsam, dass sie auf ihren Kitteln zwar Namensschilder tragen, die Namen selbst aber eher wie Abkürzungen oder Fantasienamen klingen. Alles in diesem Krankenhaus wirkt auf mich mysteriös, fast surreal.

Ich lasse mich auf das Bett sinken und beobachte die anderen Patienten. Aus den Gesprächen, die sie mit den Pflegern und Ärzten führen, kann ich schließen, dass alle wegen Suizidabsichten ins Krankenhaus gekommen sind. Eine ältere Frau, die mir gegenüber liegt, weint. Ich winke ihr zu und lächele sie an, worauf sie zu weinen aufhört. Ein Pfleger kommt zu mir ans Bett. Ich frage ihn, ob ich eine Zigarette rauchen darf. Er signalisiert mir, dass es in Ordnung gehe, und geht mit mir vor die Tür. Auf dem Weg dorthin solle ich aber – so rät er mir – auf alle Fälle immer an seiner Seite bleiben, weil es gefährlich wäre, sich in diesem Krankenhaus zu verlaufen. Es erscheint mir auch logisch, unbedingt vermeiden zu müssen, durch eine falsche Tür zu gehen, da ich sonst Gefahr laufen würde, diese Zwischenwelt zu verlassen. Der endgültige Tod wäre die Folge.

Ich bin mir nun hundertprozentig sicher, in der Notaufnahme des Himmels gelandet zu sein. Wir gehen Korridore entlang, die durch Glastüren getrennt sind, treten dann ins Freie und befinden uns an einer Straße, die von einer malerischen Natur umgeben ist. Ich setze mich auf eine Bank und der Pfleger nimmt neben mir Platz. Ein Bus kommt, ein Mann steigt aus. Er erzählt uns, dass er auf der Suche nach seiner Frau sei, die einen schweren Autounfall erlitten habe. Ich versuche ihn zu trösten. Der Mann steigt daraufhin wieder in den Bus ein und fährt weg.

Ich frage den Pfleger, wer sich denn um diese wundervolle uns umgebende Natur kümmere. Er lächelt und erklärt mir, dass keine Gärtner nötig seien, da Gott persönlich diesen Garten pflegt.

Nachdem ich eine Zigarette geraucht habe, gehen wir wieder zurück in die Klinik. Erneut betont der Pfleger, wie wichtig es wäre, bei ihm zu bleiben, da man sich leicht in der Klinik verlaufen könne und dies gefährlich sei.

Zurück im Saal wird mir erklärt, dass es mein Zustand erlauben würde, entlassen zu werden, doch könne ich noch so lange in meinem Bett bleiben, wie ich wolle und es als erholsam empfände. Ich bemerke nun auch, dass ich etwas Gepäck bei mir habe und aus meiner Tasche ein Block und Schreibzeug ragen. Ich frage, ob ich denn noch ein bisschen schreiben dürfte, und die Pfleger signalisieren schmunzelnd, ich könne hier so viel schreiben, wie ich wolle. Mir ist aber irgendwie in diesem Moment völlig klar, dass mein Block später trotzdem leer sein wird.

Ich muss nun noch mal betonen, dass ich hier meine Eindrücke während einer Psychose beschreibe. Ich weiß tatsächlich nicht, was in Wirklichkeit passiert ist. Mein subjektives Erleben war in diesem Moment davon überzeugt, in der Notaufnahme des Himmels zu sein, wo sich Menschen befinden, die sich umbringen wollten und die in einer Art Zwischenwelt gefangen sind, während sie ein Nahtod-Erlebnis haben. Deshalb habe ich entschieden, nichts aufzuschreiben, weil ich andererseits in diesem Moment gleichzeitig glaubte, zu träumen und nicht in der irdischen Wirklichkeit zu sein, weshalb der Block ohnehin leer sein würde, wenn ich wieder zurück in der Realität wäre.

Sodann entschied ich mich, diesen imaginären Ort wieder zu verlassen. Ab diesem Moment reißt die Erinnerung jedoch abrupt ab.

Vorwort zum Thema Yin und Yang

Beim nächsten Erinnerungsfetzen geht es darum, wie mir die Notwendigkeit des Gegensatzes von Freude und Leid in meinem Leben bewusst geworden ist. Seit meiner Psychose verdeutlicht das Yin-Yang-Zeichen diesen Gegensatz für mich. Instinktiv habe ich dem Leid das Yang zugeordnet und der Freude das Yin. Erst sehr viel später sollte ich darauf aufmerksam gemacht werden, dass die traditionelle Zuordnung genau entgegengesetzt ist:

Yin heißt auf deutsch: »Schattenseite des Berges« bzw. »schattige Uferseite des Flusses«. Yang bedeutet: »Sonnenseite des Berges« bzw. »sonnige Uferseite des Flusses«. Yang ist das aktive, Impulse gebende Prinzip und wird als männlich bezeichnet. Es steht für Sonne, Tag, Licht und Bewegung. Yin verkörpert die passive, nach innen gerichtete Energie und gilt als weiblich. Yin steht für Nacht, Dunkelheit und Stille.

Im Folgenden möchte ich aber meine vertauschte Zuordnung beibehalten, da sie mir persönlich instinktiv richtig erscheint. Ich glaube, meine umgedrehte Zuordnung von Yin und Yang erklärt sich vor allem durch den hellen Klang des Wortes Yin, mit dem ich Licht und Sonne assoziiere, und den dunklen Klang des Wortes Yang, der in mir eher Schatten und Dunkelheit evoziert. Hierbei wird wieder einmal deutlich, wie sehr der Schein oft trügt, wodurch man lange fehlgeleitet werden kann.

Und doch ist für mich das Yin-Yang-Zeichen Symbol eines notwendigen Gegensatzes, bei dem die Seiten einander bedingen, ergänzen und ineinanderfließen, weshalb die eine nicht ohne die andere existieren kann und die gegensätzlichen Seiten auch Teile des anderen enthalten können.

Somit habe ich beschlossen, für mich das Yang als Symbol der Schattenseite und das Yin als solches der Sonnenseite zu deuten, da es letztendlich nur auf die Gegenpole ankommt und ihre gegenseitige Anziehung.

Vereinigung der Gegensätze

Yin und Yang

Ich bin in der Psychiatrie auf einer beschützten Station angekommen. Wie ich dorthin gekommen bin, weiß ich nicht. Ich bin einfach dort. Ich gehe die Flure entlang. Auf einmal sehe ich einen jungen Mann, der auf einem Stuhl sitzt. Er hat viele Tattoos und macht auf den ersten Blick einen eher bedrohlichen Eindruck. Zunächst gehe ich ein paarmal an ihm vorbei, meide ihn. Doch dann erkenne ich plötzlich, dass er traurig und nachdenklich schaut. Ich meine zu spüren, wen ich vor mir habe.

Das Yin-Yang-Zeichen kennen die meisten Menschen. Ich habe es eigentlich für mich immer so interpretiert, dass es den Gegensatz von Gut und Böse auf der Welt symbolisiert.

Und dieser Mann verkörpert für mich, so lächerlich es sich vielleicht anhören mag, tatsächlich Yang – das Böse in der Welt –, zumindest auf den ersten Blick. Doch warum schaut er so traurig? Er lächelt mich schüchtern an und mir offenbart sich mit einem Schlag ein neues Weltbild.

In dem Song »Kontrast« von Mono und Nikitaman, einer meiner Lieblingsbands, heißt es:

»Kann irgendwas nur gut oder schlecht sein?
Gibt's nur Schwarz oder Weiß oder Ja und Nein?«

Dieser tätowierte, auf den ersten Blick böse und Furcht einflößende junge Mann, der für mich die dunkle Seite und Macht, das Yang, symbolisiert, ist traurig und deprimiert. Er ist es leid, immer der Bösewicht zu sein, ungeliebt von den Menschen, die immer nach Glück und Erfolg streben.

Er sieht mich lange nachdenklich an und meint dann: »Du, du weißt nun, wer ich bin. Ich gehöre nun mal auch dazu, doch niemand will mich haben. Wenn die Menschen sich nur mit mir versöhnen könnten. Doch immer bin ich der Buhmann. Die Seite Yin hat es leicht, nach ihr sehnen sich alle. Mich stoßen alle weg, obwohl ich genauso notwendig bin wie das Yin.« Weiter singen Mono und Nikitaman:

»Weil man liebt und weil man hasst, es geht bergauf und bergab. Weil man nicht weiß, was Glück ist, wenn man nie Pech hat. Weil ich auch mal schwach bin, wenn ich denke, ich wäre stark. Weil jeder von uns mal stark ist und auch jeder mal schwach, liegt die perfekte Harmonie vielleicht im Gegensatz.«

Ich liebe dieses Lied schon jahrelang. Doch die Weisheit, die in diesen Zeilen liegt, wurde mir erst beim Gespräch mit diesem jungen Mann, meinem Yang, bewusst.

Nur wenn Yin und Yang sich gleichwertig ergänzen und wirken, kann daraus Leben entstehen ...

Etwas später, ich war noch total psychotisch, fiel mir dazu passend eine Metapher ein, als ich etwas auf dem Klavier herumspielte, das auf unserer Station stand: Wenn man Klavier spielt, braucht man dunkle und helle Töne, schwarze und weiße Tasten. Spielt man nur helle, hohe Töne, hört sich das nach kurzer Zeit nervig an. Auch nur dunkle Töne klingen mit der Zeit deprimierend. Am spannendsten ist es, wenn man sowohl die dunklen als auch die hellen Tasten spielt. Am leichtesten und harmonischsten ist es, die mittleren Töne zu spielen.

Auf das Leben übertragen bedeutet das: Erlebt man nur gute (helle) Zeiten, kann man sie alsbald nicht mehr genießen. Nur dunkle Zeiten sind natürlich erst recht deprimierend. Spannend wird es, wenn man dunkle und glückliche Zeiten erlebt, das Auf und Ab des Lebens. Und würde jetzt jemand auf die Idee kommen, die schwarzen Tasten oder tieferen Töne des Klaviers als böse oder schlecht und die weißen Tasten und hohen Töne als gut zu bezeichnen?

Nein, man sieht es wertfrei. Es ist ja auch nur ein Klavier. Doch spielen wir alle das Musikstück unseres Lebens in jeder Sekunde, die vergeht, auf dem Klavier unseres Lebens. Würden wir es schaffen, die dunklen und schmerzvollen Momente und Zeiten unseres Lebens, das Yang, als gleich wichtig und gleichwertig wie die freudvollen und schönen Momente unseres Lebens zu sehen, würden wir aufhören, mit unserem Schicksal, mag es auch noch so schwer sein, zu hadern.

Das Streben nach Perfektion und Glück ist menschlich, und auch ich hasse natürlich Momente der Depression und versinke dann in Selbstmitleid. Doch wenn man sich dieses Klavier des Lebens mit den dunklen Yang- und hellen Yin-Tönen ins Gedächtnis ruft und versucht, nicht zu bewerten und dankbar für ein kontrastreiches Leben zu sein, kann man gestärkt aus dunklen Zeiten hervorgehen, denn nur wer aus einem dunklen Kontext hervorgeht, kann umso mehr strahlen.

Eine zweite Metapher kam mir beim Betrachten eines Schachbrettes in den Sinn. An dieser Stelle will ich noch einmal betonen, dass ich mich nie zuvor mit solchem Gedankengut beschäftigt hatte, aber es fiel mir während der Psychose so schlagartig ein, als wäre es schon immer in meinem Verstand fest verankert gewesen.

Auf dem Schachbrett sind weiße und schwarze Figuren. Wertfrei betrachtet, wie es ja die Spielregeln vorschreiben, und nicht gedacht in den Dimensionen von Gut und Böse, haben sie nur gegensätzliche Farben.

Nur wenn beide Parteien zu spielen beginnen und ihre stärkeren und schwächeren Figuren einsetzen, bleibt das Spiel gerecht und spannend. Würde man fast alle schwarzen Figuren entfernen, hätte Weiß leichtes Spiel und würde sofort gewinnen und triumphieren. Nur – macht so ein Spiel auf Dauer Spaß? Genauso umgekehrt. Man braucht also weiße und schwarze Parteien, also alle Figuren im Spiel. Wieder ist zu bedenken, dass eine Wertung im Sinne von Gut und Böse, Himmel und Hölle oder Gott und Teufel nicht angebracht wäre. Eine Deutung eher im Sinne eines notwendigen Gegensatzes von Weiß und Schwarz, Yin und Yang oder Freude und Leid ist treffender. So sollte doch beim Schachspiel auch nicht der Triumph über den Gegner die größte Freude sein, sondern das Spiel, die raffinierten Schachzüge, das Mitdenken, das Kombinieren, die Herausforderung selbst. Und ob man nun das Spiel gewinnt oder verliert, wichtig sollte in erster Linie sein, dass man Neues dazulernt, denn schließlich ist noch kein Meister vom Himmel gefallen. Ja, Schach ist wie das Leben.

Notwendigkeit der Gegensätze:
Das eine ist ohne das andere nicht zu haben.

Nachtrag zu Yin und Yang

Die Yin-Yang-Thematik, Licht und Schatten und die Notwendigkeit des Gegensatzes sollte mich auch nach meiner Psychose sehr stark beschäftigen und mir sind im Laufe der Zeit noch zahlreiche Texte, Metaphern und Denkanstöße dazu eingefallen. Warum beschäftigt mich dieses Thema so sehr? Nun, für mich, die ich die letzten Jahre als dunkle Zeit erleben musste – oder sollte ich im Kontext des oben Gesagten eher schreiben: »durfte«? –, ist es von essenzieller Notwendigkeit, einen Sinn in diesen Schattenzeiten zu erkennen. Sonst würde ich wahrscheinlich, wie früher, mit meinem Schicksal hadern und weiterhin Suizidversuche unternehmen oder Drogen konsumieren. In düsteren Lebensabschnitten, tristen Tagen oder dunklen Stunden einen Sinn zu erkennen, brachte und bringt für mich die Heilung, die ich so lange und so sehr herbeigesehnt habe.

Auch wenn ich, in guten Phasen mehr als in schlechten, einen Sinn in den dunklen Zeiten sehe, die unerbittlich wiederkehren und mein Leben beherrschen, so versuche ich auch und gerade dann, mich immer wieder an die Begegnung mit der Symbolfigur Yang zu erinnern und die Notwendigkeit des Gegensatzes von Freude und Leid zu sehen und zu begreifen.

So kann ich schwierige Zeiten überstehen und schreibe gerade in schlechten Zeiten weitere Metaphern und sogar auch ein Märchen zu dieser Thematik, was mir die Kraft gibt, die ich so sehr brauche. Dann, wenn wieder helle und glückliche Zeiten kommen, kann ich umso mehr strahlen. Ich versuche aber auch in dunklen Zeiten eine Zufriedenheit in mir zu tragen, da selbst der dunkelste Nachthimmel ein paar helle, funkelnde Sterne mit sich bringt und man auch in schwierigen Zeiten Augenblicke des Glücks genießen kann.

Zur Entstehung des Nachthimmels ein kurzes Märchen, das in Bezug auf Yin und Yang symbolisch zu sehen ist:

Die Kinder von Mutter Erde

Mutter Erde sehnte sich nach nichts mehr als nach eigenen Kindern. Ihr Wunsch wurde erhört und sie bekam Zwillinge, einen Jungen und ein Mädchen, die gegensätzlicher nicht sein konnten. Das Mädchen sang stets fröhliche, laute Lieder und war immer glücklich. Der Junge summte immer eine melancholische Melodie und war ruhig und traurig. Mutter Erde liebte ihre beiden Kinder gleich innig, doch die Geschwister konnten miteinander nicht viel anfangen. Als sie älter wurden, machte Mutter Erde ihren Kindern jeweils ein Geschenk. Ihrem Sohn schenkte sie den Mond, ihrer Tochter die Sonne. Der Sohn wurde von Fernweh gepackt und ging zu den Menschen hinab. Er brachte ihnen die Nacht und es war dunkel und kalt, nur der Mond schien schwach am Himmel. Die Menschen wurden bald traurig und melancholisch, sie waren unglücklich. Da griff die Schwester ein, ging auch zu den Menschen, brachte ihnen die Sonne mit ihrem hellen Schein und verdrängte ihren Bruder. Es wurde hell und warm auf der Erde, die Pflanzen wuchsen und alles gedieh. Die Menschen waren glücklich. So ging es eine Weile und alles schien perfekt. Doch dann, langsam, aber beständig, passierte etwas …

Die Menschen begannen den Sonnenschein zu hassen. Es wurde ihnen auf Dauer zu warm und auch die Pflanzen verdorrten. Wieder waren die Menschen unzufrieden und traurig und so sehnten sie sich nach der dunklen Nacht. Der Junge aber, der ja durch seine Schwester verdrängt worden war, war nicht nachtragend. Er beschloss, seiner Schwester ein Geschenk zu machen, und gab dem Sonnenschein die Wolken, damit auch die helle, manchmal zu grelle Sonne etwas verdunkelt werden konnte. Und die Schwester, die auch endlich den Wert ihres Bruders erkannt hatte, schenkte ihm die Sterne, sodass auch die dunkelste Nacht wunderschön leuchten konnte. Die Geschwister hatten sich endlich versöhnt und beschlossen, sich in Zukunft beim Erhellen und Verdunkeln der Erde abzuwechseln. Mutter Erde, die überglücklich war, dass sich ihre Kinder nun endlich vertrugen, gab ihrem Sohn daraufhin den Namen Solus, in Erinnerung an seine Schwester, und der Tochter den Namen Luna, der an ihren Bruder erinnerte, sodass die Zwillinge nie mehr vergessen sollten, dass der eine ohne den anderen nicht existieren kann.

Kontrastprogramm

In diesem Märchen wird wiederum deutlich, wie sehr das Licht der Sonne die Dunkelheit braucht, wie sehr die schattige Dunkelheit das Helle braucht, wie alles auf einem Kontrast und Wechselspiel beruht, notwendig für ein organisches und fruchtbares Leben – Yin und Yang. Doch um dies zu erkennen, brauchen wir unsere Zeit, so wie Luna im Märchen Erfahrungen sammeln musste, um den Wert ihres Bruders zu erkennen. Sie musste erfahren, dass auch das Dunkle seine Notwendigkeit hat, dass erst die Schattenseite Spannung bringt und unseren Weg zu Gott vorbereitet, der uns liebend helle und dunkle Zeiten schenkt, weil er uns als seine Kinder wohlwollend annimmt und erzieht.

Führt uns unser Weg an das Ziel, das Gott ist, oder ist der Weg zu Gott schon unser Ziel? Wir wissen es nicht und letztlich ist es nicht entscheidend. Wichtig ist nur, dass wir unseren Weg bereitwillig gehen und als den unseren annehmen, auch wenn er oft von düsteren Zeiten und Episoden geprägt ist. Durch Irrungen und Wirrungen hindurch führt er doch letztlich zur göttlichen Quelle, aus der die pure Energie Gottes sprudelt, die Liebe.

Bis wir für diese reine Liebe bereit sind, müssen wir die Prüfungen unseres Lebens bestehen, die uns auf Gott vorbereiten. Manchmal sind diese Prüfungen schwer zu ertragen und unsere innere emotionale Waage gerät oft aus dem Gleichgewicht. So scheint das Leben manchmal fast ausschließlich aus Schmerz, Trauer und Wut zu bestehen, doch plötzlich überwiegt wieder Freude und Glückseligkeit.

Dennoch besteht eine Waage immer aus zwei Gegenpolen, und so kann in glücklichen Zeiten voller Licht nur Zufriedenheit überwiegen, wenn es ein Gegengewicht gibt. Ich weiß, ich wiederhole mich, doch es ist von so großer Wichtigkeit, dass ich es nicht oft genug betonen kann: Ohne Trauer keine Freude, ohne Licht kein Schatten, ohne Yin kein Yang. Um unsere innere Mitte zu finden und herzustellen, müssen wir sowohl die dunklen wie auch die hellen Zeiten unserer gegenwärtigen Seele annehmen und immer bedenken, wie leicht diese unsere innere Waage in das eine wie auch andere Extrem kippen kann und wie instabil ihr Gleichgewichtszustand letztlich ist. Dennoch gilt für jedes Leben: Ohne schmerzliches Yang kein geliebtes Yin. Nur wer beides annehmen kann und sich des komplementären Wertes beider Seiten bewusst ist, kann sein Leben in voller seelischer Tiefe leben, und zwar auch dann, wenn das Gewicht in der Schale des Schmerzes seiner inneren Waage einmal wieder zu überwiegen scheint.

Liebst du die innere Waage deines Lebens? Schon im Alten Testament wurde die Notwendigkeit des Leides angesprochen, wenn man die Geschichte von Adam und Eva etwas freier interpretiert. Ich bin der festen Überzeugung, dass man die Erzählung von Adam und Eva und ihrer Begegnung mit der Schlange mit der Grundaussage des Sciene-Fiction-Films »Matrix« vergleichen kann.

Adam und Eva haben von Gott eine perfekte Welt ohne Leid geschenkt bekommen – das Paradies. Ziemlich schnell interessieren sie sich aber für den Baum der Erkenntnis von Gut und Böse mit den verbotenen Äpfeln, die meiner Meinung nach für das Yang in der Welt stehen, und lassen sich auf die Schlange ein, die ihnen die Äpfel anbietet. Man kann es so interpretieren, dass Adam und Eva der perfekten Welt, in der sie lebten, überdrüssig wurden und sich nach leidvollen und schmerzlichen Erfahrungen sehnten. Genauso in dem Film Matrix. Die Maschinen, die die Menschen in diesem Film in einem Krieg besiegten, versklavten und sie in einer virtuellen Scheinwelt, der Matrix, leben ließen, gaben ihnen zunächst eine perfekte Welt ohne Leid, deren die Menschen jedoch überdrüssig wurden. Ihnen fehlten die ganzheitlichen Erfahrungen, die auch Schmerz und Leid beinhalten, und so suchten sie dieser Scheinwirklichkeit zu entrinnen. Die Maschinen akzeptierten die Sehnsucht der Menschen und programmierten die Matrix um, sodass die Menschen eine Welt mit Freude und Leid erleben konnten.

Oft wird die Frage gestellt, warum es so viel Leid auf der Welt gibt und dass es doch keinen liebenden Gott geben könne, wenn er dies zuließe. Meine Antwort auf diese quälende Frage, die in der Theologiegeschichte als das Theodizee-Problem – die Rechtfertigung Gottes gegenüber dem Leid in der Welt – bekannt wurde, ist: Menschen, Tiere, Pflanzen, alles, was auf unserer Welt lebt, sehnt sich, oberflächlich betrachtet, nach Zufriedenheit, Freude und Glück. Doch wenn man es tiefer betrachtet, sehnt sich auch jedes Lebewesen nach dem Wechselspiel von Yin und Yang. Mit einer Welt, die wie das Paradies nur aus Yin besteht, kann unser tiefster Wesenskern nicht viel anfangen. Vielleicht muss man ein gewisses Maß an Leid erfahren haben, um in einer perfekten, glückseligen Welt leben zu können, wie sie als Paradies im Alten Testament beschrieben wird. Adam und Eva sind in ein Paradies hineingeboren worden, sehnten sich aber nach der Erfahrung des Leids. Hätten sie sich anders verhalten, wenn sie schon erfahrener gewesen wären? Muss jedes Lebewesen, wie es im Buddhismus beschrieben wird, leidvolle Erfahrungen und Erlebnisse machen wie auch glückliche Momente erleben, um schließlich so gereift und weise zu sein, um nach vielen Wiedergeburten und Leben endlich an seinem ureigenen Bestimmungsort anzukommen und endgültig zu verweilen, wie es sich die meisten Menschen nach dem Tod wünschen? Müssen vor allem die Menschen noch einen geistigen Evolutionsschub machen, der darin besteht, Leid anzunehmen, um schließlich auch eine Welt akzeptieren zu können, die dem Paradies ähnelt?

In der heutigen Zeit sehnen sich viele nach dem perfekten Leben. Ich bin mittlerweile zu der Überzeugung gelangt, dass unser menschlicher Wesenskern im derzeitigen Stadium unserer geistigen Evolution gar nicht fähig wäre, einen paradiesischen Zustand dauerhaft auszuhalten. Ist die Akzeptanz und das Begreifen der Notwendigkeit des Leides etwa der Weg zur Erlösung?

Gespräche mit dem Tod

Die Symbolfigur des Todes ist mir in der Klinik während meiner Psychose zweimal begegnet. Das erste Mal habe ich eine ältere Mitpatientin für den Tod gehalten. Sie hatte graue, schulterlange Haare, war eher ruhig und immer freundlich. Während einer Psychose ist es ganz klassisch, dass man anderen Mitmenschen bestimmte Rollen und Figuren zuordnet. Im Frühstadium meiner Psychose hatte ich wahnsinnige Angst vor dieser Frau und ging ihr immer aus dem Weg, was verständlich erscheint, da ich wirklich dachte, sie wäre so eine Art weiblicher Sensenmann. Einmal bin ich sogar freiwillig ins Beruhigungszimmer gegangen, um zu vermeiden, ihr zu begegnen. Mit dem Thema Tod und Sterben wollte ich nichts zu tun haben und ich war nicht bereit, mich damit auseinanderzusetzen.

Als ich dann einige Wochen später die zweite Psychose hatte und auf einer offenen Station war, schrieb ich einem jungen Mitpatienten die Rolle des Sensenmanns zu. Er hatte eine breite, eher mollige Statur und schwarze, längere Haare. Auch er strahlte stets Ruhe aus.

Dass sich in diesen Wochen, seit ich in der älteren Frau den Tod zu erkennen glaubte, in mir viel getan hatte, zeigte sich daran, dass ich vor dieser neuen Symbolfigur des Todes keine Angst mehr hatte. Im Gegenteil. Ich suchte den Kontakt und entwickelte ein freundschaftliches Verhältnis zu dem Mitpatienten, von dem ich annahm, er repräsentiere den Tod.

Einmal waren wir beide im Raucherzimmer und ich sagte zu ihm: »Ich weiß, ich rauche zu viel, bitte tue mir den Gefallen und lass mich nicht mit 40 oder noch früher an Lungenkrebs sterben.«

Er antwortete: »Nun, es ist zu früh, sich darüber Sorgen zu machen, aber das Laster des Rauchens sei dir mal verziehen.«

Ich erwiderte darauf: »Gut, meine Oma ist jetzt 85, so alt will ich gar nicht werden.«

Er entgegnete: »Das kannst du dir nun mal nicht aussuchen. Wobei ... bei dir ist das mit Vorsicht zu genießen, bei deinen gewissen Tätigkeiten; du weißt, ich meine deine Suizidversuche.«

Ich musste schlucken: »So etwas mache ich nie wieder. Ich will eines natürlichen und friedlichen Todes sterben. Bitte lass mich keine Schmerzen haben.«

Daraufhin klopfte mir der Tod auf die Schulter und meinte: «Also wegen des Rauchens mach dir mal keine Sorgen, wir sehen uns wieder, wenn du dein Leben gelebt hast.«

Daraufhin gehen wir einträchtig zusammen aus dem Raucherzimmer und schreiten wie alte Freunde den Gang entlang und suchen unsere Zimmer auf.

Als ich nicht mehr psychotisch war, habe ich den Jungen, den ich für den Tod gehalten hatte, wiedergesehen, da er immer noch auf meiner Station war. Da wusste ich natürlich, dass er nicht der Tod war, und seine Gegenwart war mir sehr peinlich.

Noch heute frage ich mich, ob er meinen Zustand bemerkt und einfach gut mitgespielt hat. Habe ich das komplette Gespräch halluziniert? Hat er sich über mich lustig gemacht? Ich weiß es nicht. Auch wenn es auf meine eigene verquere Weise geschah, ich konnte dann mit dem Thema Tod Frieden schließen.

Hatte ich am Anfang Angst und wollte weglaufen, wahrscheinlich auch, weil ich ja den Tod so oft schon herbeigesehnt hatte und doch noch nicht bereit war für ihn, so konnte ich mich mit ihm versöhnen und habe ihn als das erkannt, was er ist: Ein ruhiger Begleiter unseres Lebens, der immer an unserer Seite ist, mal präsenter, mal mehr im Hintergrund, doch immer anwesend – ob man es nun will oder nicht. Etwas Böses will er, der Tod, sicher nicht. Er erledigt nur seine Aufgabe. Und wer ihn als Freund und nicht als Feind sieht, vor dem man weglaufen muss, der wird die Angst vor ihm verlieren. Es muss ihn geben, den Tod. Ohne Tod gibt es keinen Raum für Geburt und ohne Geburt kein Leben. Also ohne Tod kein Leben.

In meiner Familie und meinem Bekanntenkreis sind schon relativ viele Menschen gestorben wie auch eine

Oma, die Opas und eine Großtante. Sie alle waren alt und ihr Verlust schmerzte, aber sie hatten ihr Leben gelebt. Vor relativ kurzer Zeit sind aber auch zwei junge Freunde an Krebs gestorben. Sie standen noch am Anfang ihres Lebens. Wenn man solche Verluste erleidet, hadert man mit Gott oder einer höheren Macht oder aber man lehnt den Glauben völlig ab und verfällt in eine tiefe Überzeugung, alles sei Zufall und sinnlos. Und war mein Schmerz über diese Verluste auch groß, so kann ich allenfalls erahnen, wie es ihren Eltern, Geschwistern und noch engeren Freunden ergangen ist.

Der Tod ereilt jeden von uns. So will es die Natur. Wenn er aber einen jungen Menschen aus dem Leben reißt oder jemanden, der einem sehr nahesteht, will man den Satz »Ohne Tod kein Leben« verständlicherweise nicht hören.

Ich weiß auch nicht, wie ich jetzt damit fertigwerden würde, wenn der Tod mir einen geliebten Menschen entreißen würde. Ist es egoistisch zu hoffen, vor den Menschen zu sterben, die man am meisten liebt, um nicht ihren Tod betrauern zu müssen? Natürlich ist dies auch nicht die Lösung, sondern nur eine Verlagerung des Leides. Wir müssen uns also mit dem Thema Tod aussöhnen.

Religion, der Glaube an eine höhere Macht, wie immer man sie sich vorstellt oder interpretiert, kann dabei helfen. Wenn wir auf ein Leben nach dem Tod, Wiedergeburt, eine Art Paradies oder auf eine eigene spirituelle Vorstellung, was nach dem Tod mit uns geschieht, vertrauen, dann erfahren wir Trost und Halt in dunklen Zeiten. Der Glaube, geliebte Menschen, Tiere, Pflanzen oder auch Orte und Zeiten nicht mit dem Tod endgültig zu verlieren, sondern ihnen in transformierter Art und Weise wieder zu begegnen und mit allem in einem großen Ganzen verbunden zu sein, kann die Angst vor dem biologischen Tod lindern und ihn als einen notwendigen Begleiter erscheinen lassen.

Ich habe mich lange geweigert, an Gott zu glauben und Religionen eine Bedeutung beizumessen. Aber was heißt lange? Manchen Menschen ist ihr ganzes Leben lang leider ein spirituelles Erwachen verweigert, weil sie ihre Lebenszeit überwiegend mit falschen Idealen und der Jagd nach Konsum und Oberflächlichkeiten verbringen. Aber ist diese Wertung nicht auch anmaßend? Wenn man daran glaubt, dass man so lange wiedergeboren wird, bis die Seele eine gewisse Weisheit erlangt hat, könnte man auch damit argumentieren, dass diese Menschen eben genau diese Erfahrungen in ihrem Leben – oder sagen wir besser in ihrem Zyklus – gebraucht haben.

Ich war ungefähr dreizehn Jahre alt, als sich ein tiefer Glaube in mir manifestierte. Meine Oma, Maria, die ich sehr geliebt hatte, war gerade gestorben. Sie hat mich als Kind oft bei sich auf ihrem Bauernhof spielen lassen und mir sämtliche Freiheiten gewährt. Ich wurde von ihr sehr verwöhnt und habe das immer ausgiebig genossen. Sie war eine sehr liebe, herzensgute Frau, die nach langer Krankheit durch einen Schlaganfall in ein Koma fiel und im Krankenhaus starb, während wir, die Familie, bei ihr waren. Ich habe ihr die Augen geschlossen. Aber ich hatte trotzdem ein schlechtes Gewissen, weil ich sie in der Zeit davor nur selten besucht hatte. Als sie gestorben war, überfiel mich tagelang eine tiefe Trauer, in die sich auch Schuldgefühle mischten. Doch dann hatte ich eines Nachts einen Traum, der alles verändern sollte.

Den ganzen Abend hatte mich eine tiefe Trauer befallen und ich habe mich dann auch in den Schlaf geweint, bis ich anfing zu träumen. Plötzlich war da ein helles Licht, das alles ausfüllte. Alles war so hell und warm.

Ich spürte, dies war ein Ort vollkommener Geborgenheit. Meine Oma erschien, umhüllt von einem blauen Umhang. Sie schritt auf mich zu, legte den Umhang um mich herum und sagte in ihrem bayrischen Dialekt: »Mei Dirndl, brauchst di doch ned obedoa. Mir geht's iaz guad. I bin iaz dahoam.« (Mein Mädchen, du brauchst dir keine

Sorgen zu machen. Mir geht es jetzt gut, ich bin jetzt zu Hause.) Dann bin ich aufgewacht und alles war anders. Ich hatte keine Schuldgefühle mehr und meine Trauer wandelte sich in Zufriedenheit. Seitdem bin ich auch überzeugt, dass es Phänomene gibt, die man wissenschaftlich nicht erklären kann.

Wohin führt unser Weg? Der Tod ist sicherlich nicht das Ende, sondern der neue Anfang.

Nachtrag: Traum des Todes

Ungefähr ein Jahr nach meiner Psychose, in der ich der Symbolfigur des Todes zweimal begegnet bin, hatte ich einen sehr intensiven, mich prägenden Traum über den Tod:

Ich stehe auf einer Klippe in einer Felslandschaft. Plötzlich beginnt der Boden wegzubrechen. Ich versuche mich zu retten, doch es ist aussichtslos. Ich weiß, ich werde früher oder später in einen tiefen Abgrund fallen und tot sein. Furchtbare Angst, Panik überfallen mich. Doch dann geht alles ganz schnell. Ich falle und falle und schließlich ist alles schwarz. Als ich wieder das Bewusstsein erlange, bin ich klinisch tot.

Ich befinde mich in einem endlosen und zugleich eigenartig kleinen Raum. Es ist dunkel und doch wieder hell. Ich schwebe und gleichzeitig fehlt mir jeder Bezug zu einer Körperlichkeit. Mein Sein besteht einfach nur aus Licht und ich habe keinerlei Zeitgefühl. Um mich herum tauchen andere Wesen auf. Auch sie bestehen aus Licht, haben eine Aura, an der ich sie wiedererkenne. Wenn ich will, kann ich mit ihnen verschmelzen oder mich wieder von ihnen lösen. Ich empfinde eine tiefe, mich befriedigende Leere in meiner Seele.

Ich weiß, wenn ich will, kann ich diesen Raum wieder verlassen und durch eine Art Tür hindurch wieder ins körperbehaftete Leben gehen, wiedergeboren werden. Doch so lange ich will, kann ich hier meine Seele ausruhen. Dann ist der Traum zu Ende.

Psychiatriepolitik

Ich sitze im Raucherzimmer der Psychiatrie auf der beschützten Station. Mir gegenüber sitzt ein älterer Mann, an dessen Aussehen ich mich aber nicht mehr erinnern kann. Neben mir sitzt ein etwa 16-jähriger Junge. Wir sind mitten in einer Diskussion. Wie drei Politiker verhandeln wir über etwas sehr Wichtiges. Vielleicht waren es auch mehrere, auf alle Fälle für mich sehr bedeutende Themen. An einen Punkt kann ich mich noch deutlich erinnern. Ich wünsche mir, vielmehr verlange und fordere ich, dass ich einfach als »Vera Maria« ein normales Leben führen kann. Auch wenn ich Medikamente nehmen muss, um geistig klar zu sein, will ich, dass ich gesund bleibe, auch wenn es eine künstliche Gesundheit ist. Ich bin es leid, zwischen Manie und Depression hin- und herzuschwanken. Entweder falle ich meinen Mitmenschen mit merkwürdigen Ideen und überschwänglicher Energie zur Last und gehe ihnen auf die Nerven oder bin so depressiv, dass ich ständig Suizidgedanken habe und für mich selbst eine Gefahr darstelle. Ich will »Vera Maria« sein. Für mich wird klar, dass ich nicht nur einfach die »Vera« bin, die – bei oberflächlicher Betrachtung – normale Durchschnittsfrau. Nein, ich habe, wenn man so will, eine zusätzliche Bürde zu tragen, habe die Maria in mir, die noch therapeutisch einiges aufzuarbeiten hat: Ängste, Konflikte, Sorgen. Doch ganzheitlich betrachtet bin ich eben »Vera Maria«. Eine psychisch kranke Frau, der es doch aber vergönnt sein sollte, nach einigen Jahren der emotionalen Achterbahnfahrt nun endlich ein ruhiges und relativ normales Leben führen zu können. Das habe ich den zwei Personen neben und mir gegenüber ganz deutlich gesagt, und sie waren auch damit einverstanden. Rückblickend bin ich mir fast sicher, dass ich im Raucherraum alleine war. Ich habe den Jungen danach nie wieder gesehen und einfach mit mir selbst verhandelt. Dabei habe ich mir so fest gewünscht, ein gesundes Leben führen zu können, dass ich es schließlich auch bekommen habe – so verrückt oder trivial es sich anhören mag. Ich bin jetzt über ein gutes Jahr stabil, seit ich die Klinik verlassen habe, und mit den Medikamenten so gut eingestellt, dass ich nicht manisch oder depressiv werde, sondern in der sogenannten »goldenen Mitte« verweilen kann. Wobei dies für mich anfangs auch ungewohnt und – so absurd es klingen mag – irgendwie langweilig war. Doch wenn ich Beschäftigung habe, dann geht es mir gut, und ich bin unendlich dankbar dafür.

Meine spirituelle Familie

Diese Erinnerung oder besser, diese Erinnerungsfetzen sind besonders schwer zu beschreiben, da ich mich nur an wenige Augenblicke zurückerinnern kann, die jedoch meiner Meinung nach besonders erwähnenswert sind, weil sie mich mit so viel Glück, Hoffnung und gleichzeitig mit Wehmut erfüllen.

Ich gehe den Gang der Psychiatrie entlang, aber bin nicht alleine. Um mich herum sind ein paar Menschen. Doch sind es wirklich Menschen? Ich kann mich an keine Gesichter oder dergleichen erinnern, aber ihre Aura und die Energie oder Kraft, die sie ausgestrahlt haben, sind mir noch gegenwärtig. Sie halten meine Hand, legen den Arm um mich und nehmen mich in ihre Mitte, sind für mich da, beschützen mich. Es ist wundervoll, ich fühle mich so wohl und geborgen. Ich wusste, dies war meine Familie, nicht meine leibliche Familie, die war ja weit weg, aber meine spirituelle Familie. Ich wollte nie wieder ohne sie sein, genoss jede Sekunde, die wir in diesem Gang standen und umhergingen. Nicht alleine, sondern zusammen! Es fühlte sich an, als wäre ich nach langer Zeit wieder zu Hause angekommen. Ich wollte nie wieder von ihnen weg. Doch spürte ich, dass sie nicht mit mir kommen konnten und nur zu Besuch hier waren. Ängstlich fragte ich sie, ob sie nicht doch bei mir bleiben könnten. Sie beruhigten mich und meinten, sie seien ohnehin immer bei mir, ich könne sie nur nicht immer wahrnehmen. Ich hatte in diesem Moment wahnsinnige Verlustängste. »Ihr sollt bei mir bleiben, geht nie wieder weg!«, dachte ich. Wieder versicherten sie mir, sie seien immer bei mir und müssten in Zukunft wohl noch etwas mehr für mich sorgen.

An mehr kann ich mich nicht mehr erinnern, auch an keinen Abschied oder dergleichen. Doch sie gaben mir ihr Versprechen und ich vertraue darauf, dass sie mich nie wieder alleine lassen werden. Also gab es und kann es gar keinen Abschied von ihnen gegeben haben. Natürlich habe ich mir Gedanken gemacht, wer diese Personen gewesen sein könnten. Bei zweien habe ich ihre Identität gespürt. Die eine war meine verstorbene Oma Maria und die andere meine kleine, auch schon verstorbene Katze Mimi. Wer aber waren die anderen? Darüber kann ich nur rätseln. Ich weiß aber und bin ich mir ganz sicher, dass sie nur das Beste für mich wollen, und sie werden immer bei mir sein, um mich zu beschützen.

Gespräche mit Valentin

Als ich bereits auf der offenen Station war, begegnete ich einem etwa 20-jährigen Mann, der Valentin hieß. Bald fingen wir an, uns über sehr tiefgründige Themen zu unterhalten, obwohl wir wohl beide in einem höchst psychotischen Zustand waren. Um es kurz zu machen: Valentin hielt sich für die Reinkarnation von Jesus und Hitler. Er war der festen Überzeugung, dass Jesus, also er selbst, in einem früheren Leben nicht gekreuzigt, sondern gesteinigt worden war. Darum trug er auch einen kleinen Stein an einer Kette um seinen Hals. Er machte oft Witze darüber, dass es in Kirchen wohl ganz anders aussehen würde, wenn die Leute wüssten, dass Jesus in Wirklichkeit gesteinigt wurde. Dann würden wir nicht zu Jesus am Kreuz, sondern zu Jesus unterm Stein beten. Da Valentin dachte, dass er Jesus und Hitler gleichzeitig war, hatte er oft ein riesig schlechtes Gewissen, da er für so viel Leid auf der Welt verantwortlich war. Ich muss hierbei an ein buddhistisches Gleichnis denken, das hinlänglich bekannt ist, aber nicht oft genug erwähnt werden kann:

In einem chinesischen Dorf lebte ein Bauer, der ein prächtiges Pferd besaß. Alle beneideten ihn um dieses Pferd. Wenn sie ihn trafen, sagten sie zu ihm: »Was hast du für ein Glück mit diesem Pferd.« Doch der Bauer antwortete gelassen: »Ob es Glück ist? Wer weiß es?«

Eines Tages lief ihm das Pferd davon. Nun kamen die Menschen im Dorf und sprachen ihr Mitleid aus: »Was hast du für ein Pech.« Doch der Bauer antwortete gelassen: »Pech oder Glück? Gut oder schlecht? Wer weiß es?«

Einige Tage später war das Pferd plötzlich wieder da. Mit ihm im Gefolge kamen drei Wildpferde. Die Dorfbewohner rieben sich die Augen und waren sehr verwundert: »Was hast du für ein Glück!« Wieder antwortete der Bauer: »Pech oder Glück? Gut oder schlecht? Wer weiß es?«.

Der Bauer hatte einen Sohn. Und dieser versuchte am nächsten Tag eines der Wildpferde zu reiten. Doch dieses warf ihn ab und dabei brach sich der Sohn ein Bein. Die mitfühlenden Dorfbewohner spendeten abermals ihr Mitleid: »Was hast du für ein Pech. Jetzt kann dir dein Sohn nicht bei den Feldarbeiten helfen und du musst ganz alleine alles schaffen.« Doch der Bauer erwiderte nur: »Pech oder Glück? Gut oder schlecht? Wer weiß es?«

Am nächsten Morgen kamen die Soldaten des Kaisers ins Dorf. Sie rekrutierten junge, gesunde Männer für die Armee, die für den Kaiser in den Krieg ziehen sollte. Als sie den Sohn des Bauern mit seinem gebrochenen Bein sahen, ließen sie ihn im Dorf zurück. Die anderen jungen Männer des Dorfes mussten mit den Soldaten in den Krieg ziehen und kamen nie wieder zurück. (Quelle: Klaus Mücke, Probleme sind Lösungen, Potsdam, 2001)

Die Botschaft der Geschichte ist eindeutig: Die Weisheit des chinesischen Bauern besteht in der Annahme seines Schicksals und der Erkenntnis, dass nichts nur gut oder schlecht ist und jedes Ereignis, mag es auf den ersten Blick und somit isoliert betrachtet auch eindeutig gut oder schlecht erscheinen, stets weitreichendere Folgen hat, die dann ebenfalls entweder gut oder schlecht sein können. So kann Gutes ebenso Schlechtes verursachen wie Schlechtes Gutes. Und wann – eine sehr interessante philosophische Frage – ist dann überhaupt eine letzte Beurteilung und Wertung möglich?

Aber ich möchte nun wieder zu Valentin zurückkommen. Er hielt sich, wie gesagt, auch für die Reinkarnation von Hitler, ein Umstand, der ihn verständlicherweise in große Gewissensnöte brachte. Zweifellos hat Hitler unsäglich viel Leid durch sein Wirken in der Weltgeschichte verursacht. Und doch, der Gedanke ist makaber genug: Ich würde ohne Hitler nicht leben, weil sich dann meine Großeltern mütterlicherseits, die als jugendliche Flüchtlinge in den Wirren am Ende des Zweiten Weltkriegs ihre Heimat verlassen mussten, wahrscheinlich nie in ihrem Leben begegnet wären. So schaurig es klingt, aber ich verdanke dem Massenmörder Adolf Hitler so gesehen mein Leben.

Andererseits hat Jesus auf den ersten Blick nur Gutes bewirkt und die Welt christlicher Dogmatik zufolge durch seinen Tod erlöst. Doch ohne Jesus hätte es später nicht die Amtskirche in ihrer speziellen hierarchischen Struktur des Mittelalters gegeben und somit auch nicht die Kreuzzüge oder die Inquisition, die ihre »heiligen« Motivationen zu vielen grausamen Taten aus dem fehlgeleiteten alleinigen Heils- und Universalitätsanspruch des Christentums ableiteten.

Also ist es in der Tat so, wie der chinesische Bauer schon sagt: »Pech oder Glück? Gut oder schlecht? Wer weiß es?«

Valentin vertraute mir an, dass er mich in seinen Träumen schon gesehen hatte, noch bevor wir uns kennenlernten. Vor allem an meiner Brille, so seltsam es klingen mag, hätte er mich wiedererkannt.

Valentin schaffte es auch, mir während meines psychotischen Zustandes glaubhaft einzureden, ich wäre die Reinkarnation der heiligen Maria, also seiner Mutter. Dabei spielte auch eine Rolle, dass ich mit zweitem Vornamen Maria heiße, benannt nach meiner verstorbenen Oma väterlicherseits. Ihretwegen habe ich mir ein Tattoo auf den linken Oberarm stechen lassen, das eine noch relativ junge Maria zeigt. Sie hat tatsächlich Ähnlichkeit mit mir, zumindest in den Gesichtszügen und den Augen- und Mundpartien. In der Psychose ließ mich dies dann für einige Tage tatsächlich glauben, ich wäre die Reinkarnation der Mutter Gottes persönlich. Natürlich muss ich jetzt im Nachhinein selbst darüber lachen.

Bemerkenswert ist aber schon, welche ambivalenten Gedanken ich während der Psychose bezüglich der Mutter Gottes entwickelt habe. So habe ich mich gefragt, ob sie nicht eine verkannte tragische Figur der Geschichte ist. In der Bibel wird immer betont, dass sie eine Frau war, die den Willen Gottes bedingungslos akzeptierte und so zur Heiligen wurde. Doch, Hand aufs Herz, welcher Frau sollte es nicht zu denken geben, wenn ihr Sohn schon früh eigentlich kein typisch kindliches Verhalten zeigt, sondern sich bereits im Kindesalter weise wie ein Erwachsener verhält und entsprechend redet. Später hatten die beiden ein eher

Sein Schicksal annehmen?!

distanziertes Verhältnis. Jesus redet oft in recht unpersönlicher Weise von seiner Mutter. Schließlich muss sie mit ansehen, wie ihr Fleisch und Blut am Kreuz stirbt, und ihn zu Grabe tragen. Welche Mutter wird da nicht mit Gott hadern und an ihrem Schicksal zu zerbrechen drohen? Glaubte sie auch an seine Auferstehung? War sie wirklich die starke Frau, die so tapfer das eigene Schicksal und das ihres Sohnes annahm, oder wurde ihre mütterliche Verzweiflung von den Dogmatikern späterer Zeiten nur verklärt?

Ich habe mit Valentin zahlreiche intensive Gespräche »über Gott und die Welt« geführt. Einig waren wir uns in Bezug auf unser Verständnis der Weltreligionen. Schon vor der Psychose ist mir eine Metapher dazu eingefallen:

Man stelle sich einen Berg vor. Oben auf dem Berg sitzt die höhere Macht, also Gott, wie wir ihn verstehen. Alle Religionen, also Christentum, Islam, Buddhismus usw. und auch die vielen kleineren Religionen und Sekten, sind Wanderer, die zu Gott auf den Berg wollen. Doch jeder startet von einem anderen Punkt am Fuße des Berges seinen eigenen Weg hinauf zu ihm. Manchmal verlaufen die Wege parallel oder kreuzen sich, manchmal treffen sich die Wanderer und gehen eine Zeit lang gemeinsame Pfade, trennen sich dann, finden sich später wieder oder gehen andere Wege. Doch am Ende sind alle bei ein und derselben höheren Macht angelangt. Daher sollten die Menschen aufhören, sich zu streiten, welche Religion recht hat und welche nicht. Ich bin der Überzeugung, dass jede Religion einen wahren Kern enthält und nur verschiedene kulturelle Erfahrungen und Einflüsse die Unterschiede bedingen.

Auch Valentin habe ich nach der Psychose eher gemieden, da mir die Erinnerungen an unsere Gespräche auf eine seltsame Weise peinlich waren. Ich glaube, er macht eine Ausbildung zum Bildhauer, und ich wünsche mir einfach, dass es ihm gut geht und er auch auf dem Wege der Genesung ist.

Das dritte Testament und der verzweifelte Gott

Am Anfang meiner Psychose war ich auf der sogenannten beschützten Station. Da liegt es in der Natur der Sache, dass die Mitpatienten psychotische Züge aufweisen. Wenn sich in einem solchen Umfeld psychotische Menschen mit religiösen (Wahn-)Vorstellungen begegnen, entstehen oft die kuriosesten Dialoge, die zugleich aber auch nicht-psychotische Menschen zum Nachdenken anregen können.

Ein Mitpatient, um die 30 Jahre alt und mir sehr sympathisch, war in meinen Augen das Sinnbild eines modernen Gottes, wie ich ihn mir wünschen würde: jung, sympathisch, engagiert und einfühlsam. Ich habe lange mit ihm diskutiert, kann mich aber an fast nichts mehr erinnern. Nur eine Aussage von ihm ist mir im Gedächtnis geblieben: »Ja, ich schreibe gerade am dritten biblischen Testament. In naher Zukunft wird sehr viel passieren; die Menschheit steht gerade vor einem großen Evolutionsschub. Die genaue Entwicklung in ihren Details kann man freilich noch nicht vorhersagen, aber der Prozess nimmt Fahrt auf. Alles Weitere wird sich finden.«

Ich habe diesem Gott, ich nenne ihn Goa-Gott, weil er immer Goa-Musik (eine Richtung der E-Musik) hörte und sich auch dementsprechend kleidete, mein Laptop anvertraut, damit er mir wichtige Erkenntnisse und Einsichten uploaden könne, die ich aber erst öffnen, lesen und verinnerlichen dürfe, wenn seiner Ansicht nach die Zeit reif wäre. Als ich ihm den Laptop überreichte, hat er mir anschließend auch sein Patientenzimmer gezeigt. Ich war schockiert und belustigt gleichzeitig. Im Zimmer herrschte ein einziges Chaos, zu dem die laute Goa-Musik gut passte. Überall lagen seine Habseligkeiten herum. Ich fragte ihn, ob ein Gott denn so leben sollte. Er meinte daraufhin: »Ich bin doch in Wirklichkeit nur eine Projektion deines Unterbewusstseins. Hier in diesem Zimmer schaut es für jeden Menschen und jedes Lebewesen anders aus. Überlege mal, vielleicht sehnst du dich ja nach etwas mehr Unordnung und Chaos in deinem Leben.« Diese Worte haben mich tatsächlich sehr nachdenklich gemacht.

Zeitgleich war noch ein anderer Mann mit uns auf der Station, der immer durch einen sehr sorgenvollen Gesichtsausdruck auffiel und offensichtlich dauernd grübelte. Er war auch ständig mit einem blauen Superman-Shirt bekleidet.

Für mich war er das Sinnbild eines verzweifelten Gottes, der es seinen Geschöpfen immer recht zu machen versucht und daran zerbricht, dass so viel Hass und Gewalt, Kriege und Verbrechen, Massentierhaltung, Zerstörung der Natur und Egoismus auf der Welt herrschen. Eben weil man diese Liste der Missstände endlos fortsetzen könnte, ist er so verzweifelt und resigniert langsam. Er, der Superman, wie er von vielen Menschen gesehen wird, soll alle retten und die flehenden Bitten der Menschen erhören, alles immer geradebiegen und es jedem recht machen. Über dieses Problem grübelt er endlos, ohne eine befriedigende Lösung zu finden, die nicht auch gleichzeitig die Freiheit aus der Welt schafft. Und gleichzeitig ist ihm bewusst, dass die Erlösung der Menschen nicht in seiner Macht liegt, da sie sich selbst retten müssen. Daraus ziehe ich den Schluss, dass es zwar gut und wichtig ist, auf eine höhere Macht zu vertrauen, wir jedoch gut beraten sind, unsere Probleme auch selbst in die Hand zu nehmen. Es gibt dazu ein Gebet, auf das auch die Drogenselbsthilfegruppe »Narcotics Anonymous« großen Wert legt:

»Gott, gib mir die Gelassenheit, Dinge hinzunehmen, die ich nicht ändern kann, den Mut, Dinge zu ändern, die ich ändern kann, und die Weisheit, das eine vom anderen zu unterscheiden.«

Darüber sollte sich jeder von uns Gedanken machen. Als sich die Angststörung langsam und beständig in mein Leben einschlich, habe ich jeden Abend zu Gott gebetet, er möge doch die Ängste von mir nehmen. Passiert ist nichts! Erst nach einem Suizidversuch und am Tiefpunkt der Krise begab ich mich in medikamentöse Behandlung.

So etwas muss man selbst in die Hand nehmen und – wie der Spruch oben verdeutlicht – Mut fassen, die Dinge zu ändern, die man selbst ändern kann. Aber gerade für psychisch kranke Menschen ist das oft fast so unmöglich wie die Quadratur des Kreises.

Bei Umständen und Lebenssituationen, die nicht in unserer Macht stehen, kann das Gebet zu Gott und das Vertrauen in ihn echte Lebenshilfe sein.

Rosen – Gift und Schlange

Es gibt ein Buch und einen gleichnamigen Film, »The Secret«, die sich damit beschäftigen, wie wir durch Visualisierung gewünschter Umstände und Gegebenheiten unsere äußere Lebensrealität beeinflussen können. Auch wenn sich dies nach Hokuspokus anhört, glaube ich an die Methode. Als ich zum Beispiel diese Visionen/Halluzinationen im Fernseher hatte, habe ich meinen Freund Noah gesehen, wie er gereift ist, erwachsen wurde und sichtlich zufrieden ein cleanes, drogenfreies Leben führte. Danach habe ich die feste Überzeugung gewonnen, dass er es schaffen wird, habe mir immer wieder dieses innere Bild, wie ich ihn in der Vision gesehen habe, vor Augen geführt. Einige Monate später hat er dann die Entscheidung getroffen, drogenfrei zu leben, und wir gehen noch heute gemeinsam zu einer Selbsthilfegruppe, den »Narcotics Anonymous«, die uns sehr viel Kraft gibt. Auch wenn sich Noah noch in einem Reife- und Stabilisierungsprozess befindet und noch nicht die innere Ruhe, Gelassenheit und Kraft hat, wie sie sein »Ich« im Fernseher ausgestrahlt hat, so ist er doch auf dem besten Wege dorthin, und ich bin überzeugt, dass er es schaffen wird.

Der Brief an mich selbst

Als ich in der Klinik sehr manisch und psychotisch war, hatte ich unglaublich viel Zeit, über mich selbst und die Gründe meiner Krankheit, vor allem über die Gründe der Angststörung, nachzudenken.

Auch hier bekam ich plötzlich Ideen und Einsichten, die mir im normalen Zustand, also jenseits der Psychose, nicht zugänglich waren. Wieder hatte ich das Gefühl, auf ein Wissen zugreifen zu können, das tief in mir verankert ist, als würde sich mir quasi eine Schatztruhe öffnen, die normalerweise fest verschlossen war. Ich konnte plötzlich auf dieses Wissen in der Schatztruhe zugreifen, konnte sie einen Spalt breit öffnen und völlig neue Erkenntnisse gewinnen. Da ich viel Zeit hatte, schrieb ich einige Erkenntnisse, die sich spontan einstellten und sich mir offenbarten, in einem langen Brief an mich selbst nieder. Dieser Brief beschreibt eine Hypothese, wie sich die Angststörung in mir entwickelt hat. Ich hatte zwar oft mithilfe der Psychologen versucht, die Gründe für die Angststörung zu finden, doch diese Erkenntnisse und Einsichten, die ich mitten in der Manie und Psychose hatte, waren gänzlich neu und ergeben für mich ungemein viel Sinn.

Nie hatte ich im Laufe meiner Therapien mit all den professionellen Psychiatern und Psychologen solche logischen Erklärungen gefunden. Für mich ist dies ein weiterer Beweis dafür, dass das Bewusstsein während einer Psychose erweitert ist und Zugänge tief ins Unterbewusstsein möglich werden, wodurch auf verborgenes Wissen zugegriffen werden kann. Im Folgenden nun (in Auszügen) der Brief, den ich an mich selbst geschrieben habe:

Immer wieder aufstehen

Liebe Vera,
der einzige Ausweg schien dir damals in deinem Freitod zu liegen. Heute weiß ich, dass du aus jeglicher Tiefe, mag sie auch noch so bedrohlich und unendlich erschei-

nen, wieder nach oben steigen kannst. Und zwar deshalb, weil du ein Phönix bist, der zwar verbrennt, aber aus seiner Asche wieder aufersteht und umso stärker nach oben steigt, und der seinen immerwährenden Prozess des Verbrennens und Wiederauferstehens angenommen hat.

Den Strudel, der dich mit stetiger Regelmäßigkeit nach unten gezogen hat und dich mit all seiner Bedrohlichkeit zu verschlingen drohte, hast du letztlich – wenn auch vielleicht schuldlos – selbst verursacht.

Äußerlich war dein Leben perfekt, alles war durchgeplant, und immer hattest du das nächste Ziel vor Augen. Deine Eltern führen eine glückliche Ehe, du hattest dein Abitur und dein Traumstudium »Soziale Arbeit« begonnen. Du hattest einen festen Freund und viele Freundinnen. Und doch warst du nicht erfüllt, denn etwas Entscheidendes fehlte in deinem Leben. Du wusstest nicht, was, doch du hast die Folgen davon gespürt, zuerst kaum merklich, dann immer beunruhigender und intensiver.

Wie ein Tumor, dessen Zellen schon lange in dir angelegt waren, wuchs etwas atemberaubend rasch in dir heran – die Angst! Zuerst waren es unbegründete Zukunftsängste, Versagensängste. Schnell schlichen sich Grübelzwänge ein, die deine Angst zu besänftigen versuchten. Sie manifestierten sich schließlich sehr schnell ganz in deinem Leben, engten es bald so ein, dass es dir wertlos erschien. Dazu kamen depressive Phasen, die die Zwänge noch verschlimmerten.

Ich habe lange nicht verstanden, woher diese tief sitzende Angst bei dir kommt, die sich nur mit Zwängen beruhigen lässt – bis gestern. Es fiel mir, wie vieles andere auch, wie Schuppen von den Augen, seitdem du aktuell wieder manisch bist. Du hast einfach Angst, etwas »angestellt«, etwas Schlimmes in der Vergangenheit verursacht zu haben, das schreckliche Folgen hat.

Heute weiß ich: Du bist ein guter Mensch! Du machst zwar Fehler, aber das darfst du auch, denn du bist fähig, sie zu bereuen, und würdest nie in böser Absicht jemandem Leid zufügen, denn es würde dir schreckliche Gewissensbisse verursachen. Du darfst dich lieben, denn du bist ein Mensch mit einem guten Herzen.

Irgendetwas hat dieses Wissen in dir aber zerstört, dich verunsichert und glauben lassen, du müsstest immer alles kontrollieren, extra gut und genau machen, um ja keinen Fehler zu begehen. Du hast dich gnadenlos klein gemacht und deine Spontaneität und Kreativität der Kindheit auf dem Altar des Perfektionismus geopfert. Du hast also Angst, dass durch die kleine Vera, die eigentlich nur Gutes will, jemandem Leid zugefügt wird, weil sie übermütig und unüberlegt handelt.

Als du 15 Jahre alt warst, gab es wohl einen Knackpunkt in deinem Leben, der diese Angst entstehen ließ: Deine Mama hatte eine depressive Phase. Du sahst, wie sehr sie litt, wie sie wütend und verzweifelt zugleich war. Du wurdest in dieser Zeit auch von deinem Papa darüber informiert, dass sie nach deiner Geburt eine Wochenbettdepression hatte. Natürlich sagtest du dir auf rein rationaler Ebene, dass dich dafür keine Schuld traf, da du einfach nur ein normales Baby warst, das leben wollte. Auch rein emotional hattest du damals kein Problem – jedenfalls bei oberflächlicher Betrachtung. Heute weiß ich, dass sich dein Unterbewusstsein trotzdem dafür schuldig fühlt(e). Deine Mama war immer eine gute Mutter, aber als sie so depressiv war, hattet ihr sehr oft Streit und du hattest dabei oft das Gefühl, sie würde ihren Frust mehr an dir als an deinem Bruder Stefan auslassen, da du das »Wochenbettdepressionsbaby« warst. Du hasstest sie dafür und dich im Grunde auch.

So kann ich mich erinnern, wie du oft Mama und Papa überraschen und einen Kuchen backen wolltest. Mama wurde bei dieser Gelegenheit immer sehr wütend und schimpfte, du hättest die Küche dreckig gemacht. Du wolltest etwas Gutes tun, doch wurde es als ein Fehler von ihr gewertet, der Leid verursachte, sowohl für Mama als auch für dich. Du standest deiner Mutter damals sehr lange zwiespältig gegenüber. Liebte sie dich überhaupt und – liebtest du sie noch?

Ich akzeptiere heute, dass die Eltern auch nur Menschen sind, die Fehler machen. Ich denke, 80 Prozent unserer Erziehung waren goldrichtig.

Du hattest schon immer das extreme Bedürfnis, von anderen anerkannt und geliebt zu werden, weshalb du auch im Kindergarten und in der Schule sehr strebsam warst. In der Pubertät erhielten deshalb für dich auch Aussehen und Kleidung eine besonders hohe Bedeutung, die auch in deiner sehr stark übersteigerten Sucht nach Anerkennung wurzelte.

Als dir deine Mama, bedingt durch eine depressive Phase in deinem fünfzehnten Lebensjahr, ihre zweifellos vorhandene Liebe und Zuneigung nicht zeigen und vermitteln konnte, warst du umso glücklicher, als du deinen ersten festen Freund kennenlerntest. Jedoch währten Liebe und Freude nur kurz. Er betrog dich nämlich sehr bald, was dazu führte, dass du ihn deinerseits auch hintergingst. Du erfuhrst also in dieser Beziehung keine echte Liebe, aber dein Vertrauen in das Leben zerbrach ein Stück weit. Später, im Alter von 17 Jahren, lerntest du dann Manu kennen, mit dem du vier Jahre zusammen warst. In dieser Zeit hast du vor allem durch schulische Leistungen, später Studienerfolge und durch die Pflege deines Aussehens versucht, die dringend nötige Anerkennung zu bekommen.

Obwohl du dich aber immer ausführlich geschminkt und gepflegt hast, war Manu nie mit deinem Äußeren zufrieden, kritisierte deine Schwachstellen oder zog sie sogar ins Lächerliche. Auch seine Freunde machten dabei mit. Als sensibler Teenager hast du diese Kritik leider viel zu sehr an dich herangelassen, mehr, als für dich gut war.

Manu mag ja seine Fehler gehabt haben, aber insgesamt war er ein guter und auch liebevoller Partner, der die schweren Anfangszeiten deiner Krankheit mit durchgestanden hat und manchmal wahrscheinlich einfach nicht recht mit der schwierigen Situation umgehen konnte, was ich ihm nicht verdenken kann. Jedenfalls wollte er dich nie absichtlich tief verletzen, wofür ich ihm von Herzen dankbar bin.

Auch dein Alkoholkonsum war in deiner Jugendzeit nicht unbeträchtlich. Du wolltest dich genauso wie durch deinen späteren Drogenkonsum einfach nur betäuben, Neues, Verbotenes ausprobieren, vor allem aber deinen Ängsten entfliehen, wolltest dir künstliches Glück verschaffen.

Innerhalb deines Freundeskreises waren fast alle darauf bedacht, gut auszusehen, und eure Gespräche verliefen meistens sehr oberflächlich. Du hattest in Bezug auf dein Aussehen nie das Gefühl, mit deinen Freundinnen mithalten zu können, und glaubtest immer, sie wären hübscher, attraktiver als du. Dass der Vergleich der Tod jedes Glückes ist, war dir damals zwar durchaus bewusst, aber deine Gefühle und dein Unterbewusstsein haben diese alte Weisheit beständig ignoriert. Heute hat Kosmetik und schicke Kleidung weitaus weniger Bedeutung für mich.

Kurzum, ich muss es dir in aller Deutlichkeit heute mitteilen: Du bist lange Zeit falschen Zielen hinterhergejagt. Erst als du deinen jetzigen Freund Noah kennenlerntest, fingst du wieder an, dich selbst wertzuschätzen. Du hast gespürt, dass er dich trotz deiner psychischen Erkrankung und deiner Fehler liebt und annimmt, wie du bist.

Wenn ich seinem tiefen Selbst jetzt nur vermitteln könnte, dass er sich selbst genauso lieben darf, wie er mich liebt, dann wäre für uns alle viel gewonnen. Wir lieben einander nahezu bedingungslos, müssen aber jetzt noch die Eigenliebe entwickeln, uns selbst annehmen mit all unseren Stärken und vor allem unseren Schwächen.

Ich möchte dich auch noch an die Sache mit Lena erinnern, deiner besten Freundin aus frühen Kindertagen, die magersüchtig wurde, als ihr beide 15 Jahre alt wart. Es hat dich damals verletzt und bei dir Schuldgefühle verursacht, als eine andere gemeinsame Freundin von euch aus einem psychologischen Gutachten über Lena erfuhr, sie würde dir eine Teilschuld an ihrer Magersucht geben. Du hattest mit Lena sicherlich Streitereien, wolltest aber natürlich nie psychosomatische Probleme bei ihr verursachen.

Abschließend möchte ich dir ein psychologisches Modell bezüglich der Entstehung deiner Angststörung vorstellen:

VERA ist ...
→ chaotisch, kreativ, sprunghaft, gutmütig, warmherzig
→ ohne Absicht/Zufall: Leid für andere oder sich selbst
↓
→ extreme Kontrolle, Genauigkeit → Zwänge

In der Hoffnung auf Aussöhnung und wachsende aufrichtige Liebe

Deine Vera

Dass dieses psychologische Modell über die Entstehung meiner Angststörung richtig sein muss, hat sich erst kürzlich wieder gezeigt:

Während wir bei einer Familienfeier auf das Essen warteten, habe ich mit dem vierjährigen Michael gespielt. Als ich ihn ein bisschen kitzeln wollte, hat er sich erschrocken und ist mit dem Kopf an die Tischkante gestoßen. Ich hatte sofort ein wahnsinnig schlechtes Gewissen. Als aber dann mein Papa und auch die anderen mir gut zuredeten und versicherten, dass es einfach nur ein dummer Zufall gewesen sei und mich keine Schuld treffe, habe ich mich etwas beruhigt. Mir ist aufgefallen, dass ich anschließend viel vorsichtiger mit Michael umgegangen bin. In diesem kleinen Beispiel bestätigt sich mein Modell, wie sich die Angststörung bei mir manifestieren konnte.

Auch in der Therapie mit Sebastian, meinem Heilpraktiker, hat sich gezeigt, wie zutreffend mein Modell der Angstmanifestation ist.

Eine psychische Erkrankung lässt sich auch mit dem Aufbau einer Pflanze vergleichen, denn jede Pflanze hat Wurzeln und jede psychische Erkrankung ihre Ursachen. Zwar hat jeder Mensch eine gewisse Vulnerabilität, das heißt, er trägt genetisch gewisse Krankheiten, für die er anfällig ist, in sich, aber es kommt dann ganz stark auf die Erlebnisse und Erfahrungen an, die er seit frühster Kindheit oder sogar schon im Mutterleib macht. Dabei ist von wesentlicher Bedeutung, wie sensibel er darauf reagiert. Genetische Prägungen, Umwelt, Milieu, gewisse Stressfaktoren und Konflikte (quasi seine Wurzeln, um in der Analogie zur Blume zu bleiben), die den Menschen prägen, können dann zu korrespondierenden psychischen Erkrankungen führen. Diese sind in meiner Analogie als der sichtbare Teil der Pflanze zu deuten, also Stängel, Blätter und Blüten entsprechend. Wird eine Pflanze nur zugeschnitten, wird sie nicht ganz verschwinden, ebenso wird ein psychisch kranker Mensch nicht allein durch medikamentöse Behandlung geheilt, von ganz seltenen Fällen abgesehen. Bei mir besteht beispielsweise der sichtbare Teil der Pflanze – um in der Analogie zu bleiben – aus Zwängen und Ängsten. Will ich aber eine wirkliche Heilung erreichen, muss ich mir die Wurzeln genauer anschauen und dort ansetzen.

Ich habe viele Menschen kennengelernt, bei denen die Wurzeln schon in frühster Kindheit ihre Ausprägungen erfuhren. Lena, die ich bereits kurz erwähnt habe, hatte Magersucht und mir wurde einmal erzählt, sie würde mir, ihrer ehemaligen besten Freundin, eine Teilschuld daran geben. Ich habe sie vor Kurzem getroffen und sie erzählte, in der Therapie habe sich herauskristallisiert, dass ihre Anfälligkeit für Magersucht in der Schwangerschaft zu sehen sei, weil ihre Mutter zu wenig gegessen und zugenommen habe und sie infolgedessen als Baby im Bauch ihrer Mutter zu wenig Nahrung bekommen habe. Auch bei meinem Papa liegen die Wurzeln für seine Zwangsneurose in seiner Kindheit. Als sensibles Kind in eine Bauernfamilie hineingeboren und nicht genug gefördert zu werden, in der zudem einige zwischenmenschliche Spannungen vorlagen, das hat einen wunderbaren Nährboden für Zwänge ergeben.

Besonders wichtig ist in der Kindheit das Verhältnis zu den Eltern, bei der Tochter insbesondere zur Mutter, beim Sohn insbesondere zum Vater.

Dieses Verhältnis zu meiner Mutter war bei mir schwer gestört, nicht zuletzt weil sie nach meiner Geburt an einer Wochenbettdepression gelitten hat, für die ich mir die Schuld gab.

Bevor ich über die nächste Erinnerung während meiner Psychose berichte, will ich etwas vorgreifen und von den neuen, späteren Sitzungen bei meinem Therapeuten und Heilpraktiker Sebastian erzählen, in denen mir therapeutische Fortschritte aufgrund meiner Erkenntnisse während der Psychose möglich wurden.

Wie wichtig vor allem die erstarrten Gefühle für mich sein sollten, wurde mir erst bei einer Sitzung mit meinem Therapeuten bewusst. Ich hatte lange keine Therapiestunde mehr bei ihm gehabt, weil wir in verschiedenen Städten leben. Aber ich bin dann im Sommer für drei Wochen zu meinen Eltern gefahren und habe zwei Doppelstunden bei ihm vereinbart, jeweils zwei Stunden für mich und zwei Stunden für meinen Freund Noah.

Schon nach zwei Minuten bemerkte Sebastian, dass Noah reifer geworden sei. Das bestätigt eindrucksvoll die visionären, halluzinierten Bilder, die ich im Fernseher gesehen hatte. Da war Noah bereits viel reifer gewesen.

Ich habe inzwischen auch kurze Haare, genau wie ich mich im Fernseher damals gesehen habe. Man könnte nun meinen, ich hätte mir die Haare deswegen abschneiden lassen, doch habe ich beim Friseur nicht einmal an meine Vision gedacht und hatte ganz andere, praktische Beweggründe. Oder spielt doch das Unterbewusstsein dabei eine Rolle, das sich wohl sehr eingehend mit den Eindrücken der Psychose, der Visionen oder einfach nur Halluzinationen befasst?

Noah konnte von Sebastian sehr gut hypnotisiert werden und es gelang, seinen Suchtdruck – so bizarr das klingen mag – auf Leitungswasser »umzulenken«.

Sensible Menschen wie Noah sprechen meist sehr gut auf Hypnoseverfahren an. Sebastian sieht in mir und Noah eine Art Symbiose verwirklicht. Ich wäre eher der planende, analytische Mensch, der Noah hilft, Struktur zu finden, und Noah mehr der gefühlvolle, der mich wieder meine Emotionen entdecken lässt, die ich unterbewusst stets zu unterdrücken wusste.

Im Vergleich zu akuten Zeiten meiner Zwangserkrankung hat sich da schon viel bei mir gebessert, aber Sebastian hat ein inneres Bild mit mir gemacht, in dem deutlich wurde, wie sehr ich meine Emotionen doch noch in mir verschließe.

Bei einem inneren Bild wird man erst vom Therapeuten entspannt, legt sich hin, schließt die Augen und geht vor seinem inneren Auge eine tiefe Treppe hinab ins Unterbewusstsein. Dann sieht man bestimmte Dinge und arbeitet mit diesen Bildern, beeinflusst sie, reagiert auf seine Emotionen und der Therapeut kann dann viel daraus schlussfolgern.

Mein erstes inneres Bild handelte von meinen verschlossenen Emotionen. Zuerst sah ich nur Farben, die sich langsam veränderten und ineinanderflossen. Sebastian meinte später, dies sei ein Zeichen für eine sehr strukturliebende, analytische und planende Persönlichkeit. Dann jedoch änderte sich das Bild und ich tauchte im

Meer zu einer Schatztruhe hinab. Dies sei ein gutes Zeichen, erklärte mir Sebastian, denn Wasser stünde immer für die Seele und die Gefühlswelt, und viele Menschen würden es nicht schaffen, darin einzutauchen, also sich ihren Gefühlen zu stellen. Doch ich habe auf dem Meeresgrund eine fest verschlossene Schatztruhe gefunden. Anfangs wollte ich mich ihr nicht ganz nähern, doch dann entschloss ich mich doch, zu ihr hinzutauchen, und wunderte mich, dass sie so fest verschlossen ist. Nur mit großer Mühe gelang es mir, sie aufzubrechen, woraufhin ihr ein extrem starker Schwall Luft entfuhr und zur Meeresoberfläche emporstieg. Der Luftschwall ist wohl eine Metapher für meine Gefühle, die ich immer fest in mir verschließe und die ich unfähig bin zu spüren.

Unterdrückte Gefühle sind der perfekte Nährboden für Zwänge – vor allem die negativen – wie Wut, Aggression, Kummer und Trauer. In diesem inneren Bild hatte ich dann Angst, dass die Schatztruhe wieder zufallen könnte und somit meine Gefühle weiter in mir verschlossen bleiben würden. So nahm ich dann einen kurzen Stock vom Meeresboden und klemmte ihn zwischen Deckel und Truhe, sodass sie einen Spalt breit geöffnet bleibt und die Luft mal gemächlich und auch mal stärker in Blasenform nach oben blubbern kann – eine Metapher für das Zulassen, Spüren und Verarbeiten meiner Gefühle.

Was symbolisiert dieser Stock für mich? Ich weiß es noch nicht so recht, aber ich spüre, bezüglich meiner Gefühlswelt auf einem guten Weg zu sein. Hilfreich ist dabei die Gamut-Übung, die mir Sebastian gezeigt hat. Durch sie sollen meine beiden Gehirnhälften wieder mehr in Kommunikation treten und sie soll dafür sorgen, dass mein sehr streng planendes und teilweise immer noch zwanghaftes Denken sich mit den zum Teil verborgenen Emotionen wieder aussöhnt und sozusagen eine Zusammenführung dieser »Gehirnwelten« stattfindet. Ich stehe noch am Anfang dieser Übung, aber ich erwarte mir deutliche Fortschritte durch sie.

In der nächsten Sitzung bei Sebastian ging es um die Beziehung zu meiner Mutter. Ich habe innerhalb meiner manischen Phase ein Modell über mich selbst aufgestellt, das die Entstehung meiner Zwänge erklärt. Dabei wurde deutlich, dass die beschriebene belastete Beziehung zu meiner Mutter während meiner Pubertät in mir Schuldgefühle und den Wunsch, mich selbst zu kontrollieren, um kein Leid zu verursachen, hervorgerufen haben. Sebastian wollte, dass ich mit ihm ein inneres Bild mit dem Thema Selbstvorwürfe in Bezug auf meine Mutter mache. Vor allem der Selbstvorwurf, schuld an ihrer Wochenbettdepression zu sein, sollte in den Fokus rücken. Doch als ich mich entspannen und im inneren Bild durch einen Torbogen mit der Aufschrift »Selbstvorwürfe« durchgehen sollte, hat sich alles in mir verkrampft. Ich sah nur noch Blitze sowie zuckende Farben und habe mich daraufhin von diesem Torbogen schnell entfernt.

Als ich mich wieder etwas beruhigt hatte, sah ich plötzlich einen kleinen Ziegenbock auf mich zuspringen, der aber sehr kurze, kräftige Hörner hatte. Mir war sofort klar, dass er ein Symbol für meine Mutter war. Dieser Ziegenbock sprang um mich herum und ich hatte vor seinen Hörnern sehr große Angst, Angst, von ihnen verletzt zu werden. Also habe ich versucht, den Ziegenbock zu besänftigen und ihn zu streicheln, doch seine Hörner standen mir im Weg. Das machte mich wütend und ich hätte ihm die Hörner am liebsten abgeschnitten, doch ich wusste, dass dies nicht in meiner Macht lag und auch nicht richtig gewesen wäre, da der Ziegenbock nur mit seinen Hörnern vollständig ist. Nach einiger Zeit und vergeblichen Versuchen, etwas zu unternehmen, habe ich beschlossen, dem Ziegenbock liebevoll zu erklären, dass er mich mit seinen Hörnern verletzen könnte und ich Angst vor ihnen habe. Ich habe ihn gebeten, mit ihnen etwas vorsichtiger zu sein. Als wir uns dann versöhnen wollten, hat sich bei mir eine extreme körperliche Reaktion gezeigt und ich wurde durch heftiges Aufschluchzen aus dem Bild gerissen. Es war kein oberflächliches Weinen, es war ein Weinen und Aufschreien zugleich, das ich so noch nie erlebt hatte. Als ich wieder etwas ruhiger wurde, habe ich ein Stechen im Herzen gespürt – Herzschmerzen im wahrsten Sinne des Wortes. Sebastian gab mir dann eine Beruhigungsspritze. Er fragte mich, was ich aus diesem Bild schlussfolgere, und ich meinte, ich müsse mich wohl mit meiner Mutter aussprechen. Das habe ich noch am selben Abend getan und ich denke, das Gespräch hat uns beiden sehr gutgetan. Niemand von uns trägt Schuld an der Wochenbettdepression und ihren gravierenden Folgen für mich. Ich habe wohl so lange geschwiegen, weil ich meine Mutter nicht verletzen wollte, aber ich denke, sie kann gut mit meiner Deutung umgehen.

Wir werden weiterhin Sitzungen bei Sebastian buchen, auch wenn wir weit weg wohnen, denn er hat angeboten, die Therapiestunde per Skype durchzuführen, was mich sehr optimistisch stimmt, da er meiner Meinung nach der beste Therapeut ist, den ich bis jetzt hatte.

Einige Tage nach der Sitzung bei Sebastian und nachdem ich mich mit meiner Mutter ausgesprochen hatte, hat meine Mama mich wegen Belanglosigkeiten geschimpft. Ich war wieder sehr verletzt und aufgewühlt und habe es sehr stark auf mich bezogen. Ich war total verzweifelt, da ich dachte, dass sogar unser intensives Gespräch vor ein paar Tagen nichts an der Situation geändert habe. Auch wenn es nur kleine Streitigkeiten sind, reagiere ich extrem empfindlich darauf und kann mit ihren Vorwürfen nicht umgehen, weil es so viel in mir aufwühlt und auslöst, vor allem weil es mich an die schwierige Zeit mit fünfzehn Jahren erinnert, als meine Mutter ihre depressive Phase hatte. Ich habe geweint, aber dann dennoch versucht, mit meinen Eltern darüber zu reden, wobei die Diskussion zum Streit eskalierte.

Später hat mein Papa noch mal das Gespräch gesucht und versucht, etwas ganz Wesentliches zu erklären, das insbesondere für mich von großer Bedeutung ist. Wenn

Mama manchmal sauer ist und vor sich hin schimpft, dann sollte ich versuchen, es nicht als Angriff gegen mich zu sehen. Sie ist ein Mensch, der einfach das Schimpfen als Ventil braucht, wenn er gestresst oder wütend ist und den Ärger nicht in sich hineinfressen will. Andere Menschen schweigen und entwickeln, wie ich, Zwangsgedanken. Mama schimpft dann halt vor sich hin. Ihre Wut hat nicht zwingend etwas mit mir oder meinem Verhalten zu tun, sondern kann ganz andere Ursachen haben. Für mich ist es ganz wichtig zu verinnerlichen, dass ich nicht schuld bin, sondern Mama lediglich so ihren Stress kompensiert. Mein Bruder beispielsweise rollt mit den Augen oder ignoriert es einfach, wenn Mama wütend ist. Er würde nie auf die Idee kommen, dieses Schimpfen übermäßig auf sich zu beziehen. Dem Ziegenbock meines inneren Bildes durfte und konnte ich auch nicht die Hörner abschneiden, ohne seine Ganzheit zu gefährden. Meiner Mama habe ich auch erklärt, dass mich ihr Schimpfen verletzt, weil ich es immer viel zu sehr auf mich beziehe. Aber ich werde lernen müssen, ihre Emotionen zu akzeptieren, weil sie ein Recht darauf hat und deren Ausleben für ihre seelische Stabilität braucht. Ich werde auch lernen müssen, mich nicht immer so leicht von Emotionen anderer verletzen zu lassen und sie nicht ständig als Angriff gegen meine Person zu werten.

Nachmittag mit dem alten Gott

Als ich in der Psychiatrie war, gab es da einen uralt aussehenden Mann, der in seinem Rollstuhl meist vor dem Klinikeingang saß und den Klinikgarten betrachtete. Ich bin immer schnell an ihm vorbeigegangen und habe ihn manchmal hastig mit einem »Grüß Gott« gegrüßt. Als ich dann aber zum zweiten Mal sehr psychotisch war, habe ich in ihm plötzlich mehr gesehen. Da mir seine Rolle unklar war, sie mich aber interessierte, bin ich zu ihm hingegangen und habe mich vorgestellt. Er hat geantwortet, sein Name sei Wolfgang und er wäre auch Patient in dieser Psychiatrie. Mit einem Zwinkern meinte er, dies sei in diesen Zeiten wohl der richtige Platz für ihn, um zur Ruhe zu kommen. Hier könne er einfach ausruhen und die Natur genießen. Ich habe mich neben ihn auf den Boden gesetzt und lange mit ihm geredet. Manchmal schwiegen wir, dann diskutierten wir wieder. Schnell kam ich zu der Überzeugung, dass er der leibhaftige alte Gott sein müsse, wie er in der Bibel beschrieben wird. In der Psychose habe ich alle möglichen Wesen und Persönlichkeiten ganz normalen Menschen zugeordnet. Auch Wolfgang, dieser alte Mann, der eine beneidenswerte Ruhe und Gelassenheit ausstrahlte, hat irgendwie mitgespielt. Er meinte, ich sei wohl seine Tochter, eines seiner vielen Kinder.

Als ich später wieder bei klarem Verstand war, bin ich Wolfgang ebenso wie den anderen Personen, mit denen ich während meiner Psychose gesprochen hatte, aus dem Weg gegangen, ignorierte ihn meistens oder grüßte nur kurz im Vorbeigehen. Ich schämte mich.

Wolfgang hat sich aber später bei Sophia, einer Mitpatienten, mit der ich mich angefreundet hatte und die ebenfalls unter einer religiösen Psychose litt, nach mir erkundigt und gefragt, wo seine Tochter von Station 6, die Vera, bliebe.

Ich habe, wie schon erwähnt, an jenem Nachmittag sehr viel Zeit mit Wolfgang verbracht und kann mich leider nur ausschnittsweise an unser Gespräch erinnern. Ich weiß aber noch, wie er sagte: »Schade, dass du so oft an mir vorbeigegangen bist und mich nur kurz gegrüßt hast. Ich wollte schon viel früher mit dir reden.« Ich habe ihn dann auch gefragt: »Wird dir nicht langweilig, wo du doch die ganze Zeit hier herumsitzt und immer nur die Natur und ihre Geschöpfe betrachtest?« Darauf antwortete er: »Nein, denn gerade dafür bin ich da und greife auch

Würden wir Menschen nur erkennen,
wie wertvoll und gleichwertig
die Tiere und Pflanzen doch sind –
es würden so viel weniger Tränen vergossen werden.
Denn auch die Seele eines Tieres, eines Baumes,
einer Blume kann weinen.

nicht ein, sondern beobachte nur, wie alles seinen Gang geht, gedeiht und sich entwickelt.«

Da ich in diesem Moment in ihm Gott, unseren Schöpfer, sah, protestierte ich wütend: »Du mit deinem großen Bart nuschelst so vor dich hin und lässt einfach alles geschehen. Sprich doch mal ein Machtwort und greif ein, mach was, um das Leid aus der Welt zu schaffen.« Wolfgang lächelte aber nur und entgegnete mit ruhiger Stimme: »Das aber ist nicht meine Aufgabe«.

Ich fragte ihn dann, ob er nicht einen Nachfolger suchen wolle, weil er ja vielleicht schon zu alt für seine Aufgabe sei. Wolfgang erwiderte daraufhin: »Wer aber definiert diese Aufgabe? Außerdem bin ich zwar alt, aber ich werde noch lange, lange hier sein. Mach dir mal keine Sorgen um Dinge, die einfach so sind, wie sie sind.«

In einer anderen Angelegenheit war Wolfgang aber meiner Meinung, und zwar, dass die Menschen einen schrecklichen Fehler im Umgang mit anderen Lebewesen machten, also mit unseren Tieren und der Natur im ganz Allgemeinen. Das anthropozentrische christliche Weltbild, das im Menschen etwas ganz Besonderes sehe und ihn über die Tiere erhebe, sei schlichtweg falsch und verursache auch sehr viel Leid. Wir alle seien Geschöpfe Gottes, wobei ein Mensch eben nicht mehr oder weniger Wert besitze als eine Spinne, eine Fliege oder ein Schwein.

Wolfgang hat auf alle Fälle betont, dass es ein Fehler des Menschen sei und von Hochmut zeuge, sich über die übrigen Lebewesen und die Natur zu erheben.

Dass alles eins und miteinander verwoben sei, hat Wolfgang oft betont, und das eine nicht ohne das andere existieren könne. Wolfgang hat sich auch einen kleinen Spaß erlaubt. Einmal fragte ich ihn, ob ich etwas für ihn einkaufen solle, weil ich ohnehin zum Supermarkt um die Ecke wollte. Er meinte daraufhin: »Bananen wären gut. Die haben unseren Vorfahren, den Affen, auch geschmeckt.«

Und diese Aussage kam von einem alten Gott, der laut Christentum die Menschen als höhere Lebensform und als sein Ebenbild erschaffen hatte. Ich musste lachen, denn wenigstens hatte der Gott Wolfgang Humor.

Der magische Apfel der Entwicklung

Ich bin mir nicht mehr ganz sicher, aber ich glaube, es war an dem Tag, als ich den Nachmittag größtenteils mit Wolfgang verbrachte. Eine Frau, wahrscheinlich eine Besucherin, schenkte mir zwei Äpfel, die sie aus ihrem vollen Korb nahm, als ich vor dem Klinikeingang saß. Ich habe wirklich eine blühende Fantasie, wenn ich psychotisch und manisch bin. Einer der Äpfel war eher noch leicht grün und noch nicht ganz reif, der andere war strahlend rot und voll ausgereift. Ich dachte mir, völlig psychotisch, dass ich den grünen Apfel essen müsste, um wieder zu klarem Verstand zu kommen und die ganzen spirituellen Begegnungen und Gedanken, die mich überforderten, hinter mir lassen zu können.

Noah kam an diesem Tag zu mir und so beschloss ich, dass er den roten Apfel essen müsste, um seelisch und innerlich zu reifen und um so zu werden, wie ich ihn in der Vision oder Halluzination im Fernseher gesehen habe. Ich habe meinen unreifen Apfel tatsächlich gegessen und als Noah kam, wollte ich, vielmehr forderte und verlangte ich, dass er den roten Apfel essen müsse. Er hatte aber gerade keinen Hunger und weigerte sich. Ich wurde daraufhin total hysterisch und begann zu schreien und zu schimpfen, besonders als Noah den Apfel beinahe weggeworfen hätte. Noah aß schließlich widerwillig den Apfel, damit ich wieder ruhig wurde, und brachte mich anschließend auf meine Station, wo er den Pflegern berichtete, was vorgefallen war. Kurze Zeit später, Noah war noch bei mir auf Station und wir saßen im Besucherzimmer, bekam Noah plötzlich Fieber und wurde von einer Minute auf die andere krank. Für mich war dies in meinem psychotischen Denken wiederum ein Zeichen und ich machte mir große Sorgen, ihm den falschen Apfel gegeben zu haben.

Noah ging dann nach Hause und war die nächsten zwei Wochen grippekrank. Ich war in dieser Zeit psychotischer denn je, musste wieder auf die geschlossene Station und verbrachte einige Tage im Beruhigungszimmer. Mir ist bewusst, dass es nicht an den Äpfeln liegen kann, und nach zwei bis drei Wochen auf der geschlossenen Station wurde ich wieder geistig normal und bin es bis heute. Noah hat sich in letzter Zeit sehr entwickelt, einen innerlichen Wandel durchlebt und beschlossen, mit den Drogen aufzuhören. Dies wäre auch ohne die beiden Äpfel passiert, doch durch das starke Wunschdenken, das ich manchmal habe, können vielleicht wahre Wunder passieren. Klar, das ist reine Spekulation und sicher weit hergeholt, aber ich will daran glauben, denn es macht Hoffnung, die wir alle so dringend brauchen, wenn die Stürme des Lebens uns um die Nase wehen.

Der Besuch des kleines Vögelchens

Ich befand mich in meinem Zimmer auf der offenen Station in der Psychiatrie. Mir ging es nicht gut, ich fühlte mich immer noch sehr psychotisch, stand mir selbst im Wege und war überfordert.

Ich hatte das Fenster offen stehen, denn draußen war es warm und die Sonne schien herein. Plötzlich bemerkte ich, wie ein kleiner Vogel von draußen hereingeflogen kam. Er setzte sich zuerst schüchtern auf das Fensterbrett, wurde dann zunehmend übermütiger und hüpfte durch das Fenster zu mir ins Zimmer. Ich versuchte ihn wieder Richtung Fenster zu scheuchen, damit er wieder in die Natur und die Freiheit, die mir so abhanden gekommen war, fliegen konnte. Doch er wollte nicht. Er flog im Zimmer herum und wurde durch meine Versuche, ihm zu helfen, immer aufgeregter. So flog er sogar einmal gegen ein anderes geschlossenes Fenster.

Also beschloss ich, ihn alleine zu lassen, ging aus dem Zimmer, nachdem ich zuvor alle Fenster so weit wie möglich geöffnet hatte, und schloss die Tür hinter mir, sodass er sich nicht aus meinem Zimmer hinaus in die Gänge der Klinik verirren konnte. Als ich nach einiger Zeit wieder ins Zimmer kam, war er aber immer noch da und hatte es sich neben meinem Bett gemütlich gemacht. Ich legte mich auf mein Bett und betrachtete das Vögelchen. Plötzlich wurde es total zutraulich und kam immer näher. Ich kam ihm auch vorsichtig und langsam entgegen, aber berühren wollte ich es nicht, da ich mal gehört habe, man solle Wildtiere nicht anfassen, da sie sonst aufgrund des Geruchs nach Menschen von ihren Artgenossen eine Zeit lang gemieden werden.

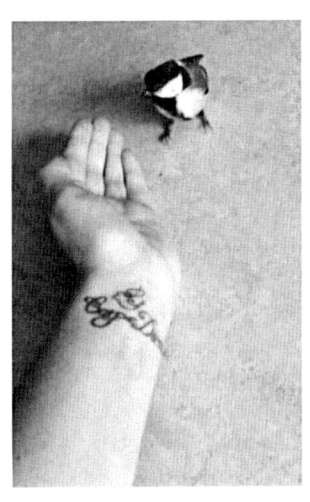

Vertrauen

Aber ich streckte vorsichtig die Hand nach ihm aus und der Vogel vertraute mir und blieb sitzen.

Ich war total gerührt und glaube, dieser Vogel hat gespürt, dass ich ihm nichts Schlechtes wollte. Deshalb hat er sich mir so anvertraut.

Diese Szene habe ich dann auch fotografiert und mir gelang ein sehr schöner Schnappschuss. Mein Papa, der auch sehr tierlieb ist und dem ich das Foto geschickt habe, meinte daraufhin: »Donnerwetter, starkes Foto. Mensch und Tier in trauter Zweisamkeit und Vertrautheit.«

Mich hat dieses Vögelchen ein Stück weit von meinem eigenen Leid abgelenkt und mich getröstet. Es hat mir gutgetan, dass ein so kleines Tier einem unbekannten Menschen, der ja viel größer als es selbst ist, blind vertraut hat. Dieses Vögelchen hat mich wirklich zutiefst berührt. Ich habe mich dann wieder aufs Bett gelegt und mich ruhig verhalten. Es ist noch eine Weile bei mir geblieben und dann schließlich wieder durch das Fenster raus in die Natur, die Freiheit und in sein Zuhause geflogen.

Auf dem Foto mit dem Vogel sieht man mein erstes Tattoo. Es besteht aus dem Schriftzug »Carpe Diem« und einer Friedenstaube. Wörtlich übersetzt aus dem Lateinischen heißt es »Pflücke den Tag«, also »Genieße den Tag«. Den Tag genießen, das wollte ich so sehr können, als ich es mir damals in den Anfangszeiten meiner Zwangs- und Angsterkrankungen stechen ließ. Auch wenn ich dazu nicht fähig war, habe ich mir den Spruch trotzdem tätowieren lassen, da ich solche Sehnsucht danach hatte. Heute lerne ich, Kleinigkeiten zu genießen, mich auf das zu besinnen, was ich gerade im Hier und Jetzt erlebe, und sei es nur ein Stück Schokolade, sei es nur der Besuch eines kleinen Vogels, der durch mein Zimmer hüpft. Ich war diesem Vögelchen unendlich dankbar, dass es mir in einer so schweren Zeit ein paar schöne Minuten beschert hat. Später, im Gespräch mit einigen Mitpatienten, die auf meiner Station in der Psychiatrie waren, haben wir uns gemeinsam die Frage gestellt, wofür wir denn im Leben dankbar sind.

Wir haben dann eine lange Liste gemacht, eine Liste der Dankbarkeit, um uns zu vergegenwärtigen, welche Reichtümer uns das Leben schenkt. Basierend auf dieser Liste habe ich anschließend einen Text verfasst. Vier oder fünf Mitpatienten, die alle psychisch krank oder angeschlagen sind, haben mitgewirkt und besonders auffällig war, dass keiner von ihnen materielle Dinge, wie Geld oder andere Besitztümer, genannt hat. Das hat mir wieder einmal eindringlich verdeutlicht, wie relativ der Stellenwert des materiellen Reichtums ist und wie unersetzbar und essenziell wichtig die auf den ersten Blick kleinen Dinge des Lebens sind, die aber bei näherer Betrachtung das Leben erst lebenswert machen. Natürlich wurden Dinge genannt, wie ein Dach über dem Kopf oder eine Arbeit zu haben, aber wir alle waren einer Meinung, dass man keine Luxusvilla oder ein Millionärsgehalt besitzen muss, um zufrieden leben zu können.

Solange man genug hat, um ein zufriedenes Leben zu führen, reicht dies völlig aus, und darin waren wir uns einig. Die Reichtümer, die hauptsächlich genannt wurden, waren keineswegs materieller Art, sondern solche, die man nicht mit Geld kaufen kann und doch von der Natur so bereitwillig geschenkt bekommt, wofür wir alle sehr dankbar sind. Wie dankbar, das wurde einigen von uns erst beim Schreiben und Vorbereiten dieses kleinen Gebets bewusst:

»Ich bin dem Leben dankbar, mit seinen Fragen und Antworten, die uns geduldig erwarten, mit dem Kontrast freudiger Sonne und traurigem Mond, der Kraft und Energie zwischen Yin und Yang, den Sternschnuppen, die uns die Himmelskörper schenken, der Wechselwirkung von Wasser und Feuer, der Umwandlung von Regen zu Schnee. Ich bin dem Leben dankbar wegen der Schönheit der Natur, die uns unsere höhere Macht geschenkt hat, mit ihren Tieren, Bäumen, Pflanzen und Steinen, dem Sand und der Erde, den Regenbögen, die entstehen, wenn Sonne und Regen sich vereinen, der Luft, dem Wind, dem Sturm. Es ist so schön zu fühlen und zu spüren, Liebe und Freundschaft zu erleben, woraus Beziehung und Familie entstehen. Es ist wunderbar, Glauben und Frieden zu realisieren, wodurch es Freiheit und Religion gibt. Gemeinschaft ist etwas Wunderbares und schafft am richtigen Ort zur richtigen Zeit neue Bekanntschaften. Es ist einzigartig, zu wissen und zu lernen, mit

Gelassenheit zu sehen und zu hören, sensibel Musik, Geschmack und Geruch zu erleben, gesund zu sein oder zu genesen, einfach zu überleben – dafür bin ich dankbar. Einfach ein Dach über dem Kopf zu haben, Essen und Trinken zu bekommen, Struktur zu finden und anzunehmen, Geburt und Tod zu erleben, auch das Schicksal mit seinen Werten und der Moral zu lieben – das bedeutet Dankbarkeit. Sich auf das Wundervolle zu besinnen, das man hat – das heißt Zufriedenheit! Dafür bin ich dem Leben dankbar.«

Genieße den Tag

Die Konfrontation mit der Spinne und Jakobs Suizid

Auf meiner Station war ein Mitpatient, der Jakob hieß. Er war groß und kräftig, aber ein eher stiller und introvertierter Mensch. Jakob strahlte etwas sehr Liebes aus und ich habe mich gerne mit ihm unterhalten.

Eines Tages hatte ich in einem Supermarkt ein paar Lebensmittel und Getränke eingekauft, als ich erst an der Kasse merkte, dass ich das unmöglich alles alleine zurück zur Klinik tragen konnte – Frauen und Einkaufen. Ich war wirklich schon am Verzweifeln und überlegte, was ich nun tun sollte, als ich plötzlich bemerkte, dass Jakob hinter mir an der Kasse stand. Ich bat ihn, mir zu helfen, und er hat es auch bereitwillig gemacht. Er hatte eigentlich das Rauchen aufgehört, aber dann wieder angefangen, und so freute er sich, als ich ihm zum Dank für das Tragen meiner Sachen ein paar Zigaretten schenkte.

Einige Tage später, ich war wieder sehr psychotisch, habe ich am Gang zur Klinik eine kleine schwarze Spinne entdeckt, die mir sofort Furcht einflößte, weil ich eine ausgeprägte Spinnenphobie habe. Plötzlich stand Jakob wieder hinter mir. Er betrachtete das kleine Tier, lächelte und fragte, ob ich Angst hätte. Ich bejahte, aber fasste den Entschluss, die Spinne mit auf mein Zimmer zu nehmen, um sie näher betrachten zu können, um so vielleicht meine Spinnenphobie ein Stück weit zu bekämpfen. Ich wagte nicht, sie zu berühren, aber Jakob erklärte sich bereit, mir die Spinne auf das Zimmer zu tragen.

Lang konnte ich den Blick nicht auf die Spinne richten, aber dann überwand ich mich doch. Ich musste eingestehen, dass Spinnen, die ich eigentlich immer als hässlich und eklig empfunden und wahrgenommen hatte, sehr elegante und auf eigentümliche Weise schöne Tiere sind. Ich weiß bis heute nicht, was mir an ihnen so große Angst einjagt. Vielleicht war ich in einem früheren Leben einmal eine arme Fliege, die in die Fänge einer Spinne geraten ist.

Oder mir macht der Gedanke Angst, wie sie ihre Beute einfangen und einspinnen, auch wenn ich nicht zum Beuteschema der Spinnen gehöre. Vielleicht habe ich eine geistige Spinne in mir, die mich in Form der Angststörung einwebt und gefangen hält.

Aber zurück zu Jakob. Jakob war, wie gesagt, ein lieber und ruhiger Mensch. Dem ist aber noch hinzuzufügen, dass er zwar groß und stark war, aber sich stets gnadenlos klein gemacht und seine Fähigkeiten unterschätzt hat. Es fehlte ihm leider an Selbstbewusstsein und einem gesunden Selbstwertgefühl. Doch wie tief er wirklich am Boden war und mit sich selbst gerungen hat, hat wohl keiner von uns Mitpatienten geahnt – auch die Ärzte und das Pflegepersonal nicht.

Ich hatte das erste oder zweite Mal Wochenendurlaub von der Klinik und nutzte ihn, um auf ein Treffen meiner Selbsthilfegruppe zu gehen. Dort erfuhr ich von einer Freundin, dass sich am Bahnhof jemand, praktisch vor ihren Augen, vor den Zug geworfen hat. Sie erzählte, sie hätte zuerst gar nicht hinschauen wollen, es dann aber doch getan und alles voller rotem Blut, Fleisch und Knochen übersät gesehen – ein einziger roter Matsch.

Bei mir läuteten sofort alle Alarmglocken: Der Bahnhof lag neben unserer Klinik. Ich hoffte inständig, dass es kein Patient von meiner Station gewesen war. Als ich dann in die Psychiatrie zurückkehrte, fragte ich gleich die Schwester, ob sie etwas wisse, aber sie verneinte. Am nächsten Tag wurde unsere ganze Station zusammengerufen und der Stationsarzt teilte uns mit, dass sich Jakob suizidiert hatte.

Mir kamen sofort die Tränen und ich hatte ein schlechtes Gewissen, da ich am Vorabend im Geiste alle Personen unserer Station durchgegangen war, um mich zu vergewissern, ob alle da waren und ich somit sicher sein konnte, dass unsere Station nicht betroffen war. Jakob hatte ich übersehen – er war mir nicht eingefallen. Dies macht mir immer noch sehr zu schaffen, obwohl es nichts an seinem

Schicksal geändert hätte. Jakob war eben eher ruhig, unauffällig und zurückhaltend, weshalb er mir wohl nicht so markant wie andere in Erinnerung blieb.

Es gab dann einen Gedenkgottesdienst für ihn, der allerdings sehr skurril ablief, da er in der Kapelle der Psychiatrie abgehalten wurde und ständig irgendwelche Patienten, die teilweise sehr verwirrt waren, hereinplatzten, dumme Fragen stellten oder durch ihre Zwischenrufe den Gottesdienst störten. Gerade auf Jakobs Schwester und ihren Mann, die extra von weither angereist waren, muss es sehr befremdend gewirkt haben. Ich musste wieder weinen, als ich das Leid, die Verzweiflung und Hoffnungslosigkeit in den Augen von Jakobs Schwester sah. Mir wurde dabei bewusst, wie sehr ich meine eigene Familie ins Unglück gestürzt hätte, wenn einer meiner Suizidversuche geglückt wäre. Als der Gottesdienst zu Ende war, bin ich noch auf seine Schwester zugegangen, um ihr mein Beileid zu bekunden. Sie hat mich derart verzweifelt angesehen, dass ich sie einfach umarmen musste.

»Jakob, wo auch immer du jetzt sein magst. Du warst nicht stark genug für dieses Leben und diese Welt. Wahrscheinlich hast du lange deine ganze Kraft aufgebracht, um dich gegen deine Ängste zur Wehr zu setzen, aber am Ende war deine Verzweiflung stärker als jede Hoffnung. Ich wünsche dir von ganzem Herzen alles Gute und Frieden.«

Anrufe und E-Mail-Kontakte mit meinem Therapeuten Sebastian

Als ich in der Psychiatrie mitten in der Nacht höchst manisch und psychotisch war, hatte ich das dringende Bedürfnis, mich jemandem mitzuteilen und all das Gedankengut loszuwerden, das sich so überquellend in mir einstellte und nach außen getragen werden wollte. Da ich meine Familie und meinen Freund in den letzten Tagen mit Anrufen bombardiert hatte und mir trotz meiner Verwirrtheit noch klar war, dass ich sie mitten in der Nacht nicht auch noch anrufen konnte, beschloss ich, meinem Therapeuten Sebastian auf den Anrufbeantworter seiner Praxis zu sprechen. Ich hatte ein derart großes Mitteilungsbedürfnis, dass ich ihm dreimal seinen Anrufbeantworter vollgesprochen habe.

Jetzt, im Nachhinein, erinnere ich mich kaum noch an die Mitteilungen jener Nächte an ihn. Sebastian hat mir aber danach eine E-Mail geschrieben, die ich damals jedoch nicht gleich in meinem Postfach bemerkte und später lange bewusst ignoriert habe. Mir war mein manisches Gerede höchst peinlich, wie ich mich auch generell im Nachhinein für meine Handlungen und Äußerungen während der Psychose erst einmal sehr schämte, zumal ich nicht mal genau wusste, was davon eingebildet und was wirklich war.

Erst viel später habe ich ihm dann mit der Bitte geantwortet, er möge mir doch zusammenfassend berichten, was ich damals alles auf den Anrufbeantworter gesprochen habe. Er ist dem aber ausgewichen. Vielleicht konnte er sich ebenfalls nicht mehr genau erinnern. Zum einen, weil er ja jeden Tag Patienten hat, die ihn mit Informationen überfluten, zum anderen wahrscheinlich auch, weil ich dermaßen viel und wirr auf den Anrufbeantworter geredet habe, dass es wahrscheinlich unmöglich war, sich dies alles zu merken.

Hier unser E-Mail-Dialog:

Liebe Vera,

über deine Anrufe habe ich mich sehr gefreut, sie aber erst um 1:30 Uhr abgehört. Ich war verwundert über deine veränderte Haltung und deine innere Begegnung zieht mit Sicherheit auch eine Kurskorrektur nach sich.

Es ist, wie du sagtest: Ein Symptom, ein Problem oder Schmerz lenkt die eigene Aufmerksamkeit auf ein inneres Ungleichgewicht und macht deshalb Sinn. Ein kluger Arzt schrieb einmal: Würde es der Menschheit gelingen, ein Medikament gegen und für alles zu erfinden, würde sie sich der Fähigkeit berauben, sich weiterzuentwickeln – und das entspricht auch völlig meiner eigenen Überzeugung.

Ich freue mich über diese deine spirituelle Erfahrung sehr, kann das auch nachvollziehen, auch bei mir hat dies zu vielen neuen Einsichten und Erfahrungen geführt und entsprach anfänglich wohl eher einer manischen Phase. Erst nach einer gewissen Zeit habe ich wieder ein vernünftiges Gleichgewicht gefunden und nach und nach diese Erfahrungen in mein Leben integriert.

Deine Wahrnehmung, dass im Moment etwas Schönes passiert, teile ich ebenso, habe dieses Gefühl seit etwa drei Jahren. Dabei bin ich davon überzeugt, dass die Menschheit vor einem »evolutionären Schub« steht, was auch unglaublich viel Energie zieht und verbraucht, darüber spricht man aber gewöhnlich nicht mit jedem Menschen, weil man ansonsten als esoterischer Spinner abgestempelt wird, aber das ist okay – jeder wird diese Erfahrungen irgendwann einmal teilen …

Ich wünsche dir von Herzen eine gute Zeit mit wachsendem inneren Gleichgewicht und sende dir und Noah herzliche Grüße

Sebastian

Lieber Sebastian,

ich habe zufällig gerade deine schon ältere E-Mail gelesen. Ich kann mich nur noch verschwommen erinnern, dich angerufen zu haben, und weiß nicht mehr, was ich dir damals auf den Anrufbeantworter gesprochen habe.

Ich war damals höchst manisch und kann mich an die Zeit der Psychose nur ausschnittsweise erinnern. Ich weiß noch, dass ich viele spirituelle Gedanken hatte, die eng mit dem Buddhismus verknüpft sind, obwohl ich mich zuvor nie damit beschäftigt habe. Auch habe ich einige Visionen als optische Halluzinationen in einem Fernseher gesehen, die meine Familie betrafen. Ich habe in fast jedem meiner Mitpatienten entweder Götter oder andere spirituelle Wesen gesehen und war teilweise so verängstigt und verwirrt, dass ich für mehrere Tage in ein Isolierzimmer musste. Momentan geht es mir ganz gut, obwohl ich zeitweise mit Zwangsgedanken kämpfen muss, doch sind sie noch erträglich und längst nicht so schlimm wie früher.

Ich kann aber immer noch nicht verstehen, was in dieser Psychose mit mir passiert ist, vor allem weil die Erinnerungen so verschwommen sind. Mich würde auch interessieren, was ich dir damals auf den Anrufbeantworter gesprochen habe, auch wenn ich irgendwie Angst davor habe, weil ich glaube, dass es ganz schön wirres Zeug war. Es ist mir etwas peinlich, aber als Therapeut bist du wahrscheinlich ohnehin einiges gewöhnt.

Liebe Grüße Vera

Liebe Vera,

mach dir da mal keine Gedanken. Leider kann ich dir die Aufzeichnung nicht mehr senden, weil diese gelöscht wurde. Jedoch warst du sehr aufgeregt, übermotiviert … Du hast aber vieles gesagt, was auch meiner Erfahrung entspricht. Ich hoffe und wünsche mir für dich, dass du zu deiner Mitte finden wirst.

Ganz herzliche Grüße von
Sebastian

Warum wurde ich bipolar?

Ist mir die bipolare Erkrankung durch genetische Prägung bereits in die Wiege gelegt worden? Wäre sie auch unabhängig von meinen Erfahrungen und Prägungen der Kindheit und Jugend aufgetreten?

Auf diese Frage werde ich wohl nie eine eindeutige Antwort erhalten. Doch auffällig ist, dass ich bipolar wurde, nachdem ich die Zwangs- und Angststörung entwickelt hatte. Ich denke, mit den Zwängen wurde die Depression ausgelöst. Wer soll da nicht depressiv werden, wenn man 80 Prozent des Tages unter Zwangsgedanken leidet? Aber worin hatten die manischen Schübe ihren Ursprung?

Vor einigen Tagen ist mir dazu ein Gedanke gekommen. Ein Dozent während meines Studiums hat behauptet, dass jede psychische Erkrankung eine Funktion hat. Vielleicht haben mein Gehirn und meine Seele eine Manie entwickelt, um sich selbst zu schützen, denn ich war in der Manie stets frei von Zwängen und konnte Hoffnung schöpfen. Im manischen Zustand war ich ein freier, glücklicher Mensch und musste nicht unter Ängsten leiden. Zwänge waren in diesen euphorischen Phasen für mich kein Thema. Vielleicht hat sich mein Geist gewaltsam aus den depressiven Episoden mit ihren Grübeleien herausgerissen, weil er eine Verschnaufpause brauchte und daher die Manien produzierte. Das wäre für mich eine logische Erklärung, warum ich bipolar wurde.

Überforderung in der Psychose

Wenn man an eine Psychiatrie denkt, assoziiert man damit oft Isolierzellen, in denen kranke Menschen schreiend und tobend an die Türen schlagen. Ich war einer dieser Menschen.

Wer meine Erinnerungen an meine Psychose liest, bekommt möglicherweise den Eindruck, sie hätte nur aus besonderen spirituellen Erlebnissen bestanden.

Doch dieser Eindruck täuscht! Zuerst war da diese unglaubliche Erweiterung meines Geistes, doch dann wurde mir alles zu viel, ich konnte nicht mehr klar denken und war völlig verwirrt. Wenn ich an die Psychose zurückdenke, erinnere ich mich vor allem an die schönen Erlebnisse. Doch ich muss hier der Richtigkeit halber noch klarstellen, dass meine Psychose oft von einer spirituellen Reise in einen Horrorfilm kippte, aus dem es kein Entrinnen zu geben schien. Ich war zeitweise so verwirrt und auch nicht mehr ansprechbar, dass ich ins Beruhigungszimmer gebracht werden musste. Ich war so neben der Spur, dass ich mir Suppe über den Kopf kippte, mich mit Essen vollschmierte und meine Kleidung zerriss. Ich habe geschrien, getobt und geweint. An vieles kann ich mich auch nicht mehr erinnern, mein Gehirn hat es mich wohl zu meinem eigenen Schutz vergessen lassen. Und ich bin heilfroh darüber!

Warum aber kann eine Psychose zwei so gänzlich unterschiedliche Aspekte haben, zwei ambivalente Gesichter? Nun, ich bin fest davon überzeugt, dass die Medizin noch zu wenig über Psychosen weiß und hier sicherlich noch viel Forschungsbedarf besteht. Ich behaupte weiter, dass jede Manie oder Psychose ein ungeheures Potenzial in sich birgt. Ich habe hierzu ja mein eigenes psychologisches Modell aufgestellt – während einer höchst manischen Phase –, was aber nichts daran ändert, dass es mir auch jetzt logisch und stringent erscheint.

Dann setzte durch die starke Bewusstseinserweiterung eine extreme Überforderung ein. Gäbe es in Zukunft Medikamente, die das Potenzial einer Psychose ausschöpfen könnten bei gleichzeitiger Hemmung der einhergehenden Reizüberflutung, sodass der Betroffene nicht nach einiger Zeit in der Psychose den Verstand verliert, so wäre das nach meiner Einschätzung ein medizinischer Fortschritt, der ungeahnte Möglichkeiten eröffnen würde. Meine Hoffnung ist es, diese Entwicklung noch erleben zu dürfen.

Psychisch anders?
Fluch oder Segen – wer weiß es?
Krankheit oder Fähigkeit – eine kulturell bedingte Auslegung!
Heiler, Schamanen und Heilige …
Psychisch krank und absonderlich …
Wer sind wir wirklich, wir psychisch anderen Menschen?
Sind wir mehr als das Ergebnis einer kranken Gesellschaft?

Ausweglosigkeit?

Zwölf vor fünf

Dieses Kapitel beschäftigt sich mit meinen Suizidversuchen. Ich habe zu ihnen mittlerweile ein emotional distanziertes Verhältnis aufgebaut. Darüber bin ich froh, denn ansonsten würde ich an der Schuld, die ich auf mich geladen habe, da ich meiner Familie dadurch viel Leid und Kummer aufgebürdet habe, und den unangenehmen, traumatisierenden Erinnerungen zerbrechen. Wenn ich über die Suizidversuche schreibe oder an sie zurückdenke, dann kommt es mir vor, als würde ich die Geschichte einer fremden Person erzählen, denn glücklicherweise ist mir die Vera von damals fremd geworden.

Warum heißt das Kapitel »Zwölf vor fünf«? Nun, ich habe mir als Mahnmal meiner Suizidversuche eine Taschenuhr tätowieren lassen, die auf fünf vor zwölf Uhr stehen sollte. Sie sollte verdeutlichen, dass es eben kurz vor knapp bei mir war, vor allem in Bezug auf den ersten und dritten Suizidversuch, die ich einfach nur durch Glück und ein wohlwollendes Schicksal überlebt habe.

Kurz nach den Suizidversuchen dachte ich immer: »Jetzt hast du ständig versucht, dich umzubringen, und bist doch kläglich gescheitert. Bist du einfach zu blöd dazu?« Heute weiß ich, dass es ein Geschenk des Himmels war, sie zu überleben. Ich bin der höheren Macht dankbar, dass sie mich so gut beschützt hat.

Aber zurück zur Uhrzeit auf meiner Taschenuhr, die am rechten Oberarm eintätowiert ist: Sie sollte ja eigentlich auf fünf vor zwölf stehen. Ich habe es meinem Tätowierer auch damals so in Auftrag gegeben, mich aber, während er am Werke war, durch mein Smartphone ablenken lassen, ohne zur Abwechslung einmal alles – zwanghaft – zu kontrollieren. Und als ich den Fehler schließlich bemerkte, war es schon zu spät. Die Uhr stand unerbittlich auf zwölf vor fünf. Mein Tätowierer hatte fünf und zwölf schlichtweg vertauscht. Da er aus Ungarn kommt und nur schlecht deutsch spricht, hat er meinen Auftrag missverstanden. Zuerst habe ich mich natürlich geärgert, vor allem über mich selbst, weil ich nicht aufmerksamer die Ausführung der Tätowierung verfolgt habe. Nun ist es aber eben schiefgelaufen und ich bin im Nachhinein sogar über die falsche Uhrzeit auf meiner kleinen Taschenuhr froh. Auf diese Weise ist ein verschlüsseltes Rätsel entstanden und ich werde oft gefragt, was diese Uhrzeit denn bedeuten solle. Vertrauten Personen erzähle ich die Geschichte. Zwölf vor fünf oder fünf vor zwölf, ich weiß, was es damit auf sich hat, und das zählt. Außerdem ist die Ernsthaftigkeit des Symbols meiner Suizidversuche damit etwas aufgelockert. Beachtlich ist aber doch Folgendes: Haben mich meine Gewissenhaftigkeit, Kontrollsucht und Genauigkeit in die Angststörung und damit auch in die Suizidversuche getrieben, so ist diese Taschenuhr als Symbol meiner dunkelsten Momente durch einen gewissen Kontrollverlust so geworden, wie sie jetzt auf meinem Arm zu sehen ist. Und das deute ich mit meiner Vergangenheit als ein freundliches Augenzwinkern des Schicksals.

Die Uhr tickt ...

Der erste Suizidversuch

Ich sitze auf dem Beifahrersitz im Auto neben meiner Mutter, die ununterbrochen auf mich einredet. Ich höre gar nicht zu, da ich viel zu sehr mit meinem sich immer wieder drehenden Gedankenkarussell beschäftigt bin. Alles in meinem Leben schien äußerlich perfekt, doch stehe ich nun vor einem tiefen Abgrund, verursacht durch einen innerlichen, gewaltigen Strudel, der mich immer weiter nach unten zieht. Wir sind gerade auf dem Nachhauseweg und die idyllische Landschaft zieht an uns vorbei. Doch auch wenn ich so tue, als würde ich die Landschaft betrachten, blicke ich letztlich ins Leere. Viel zu viele Gedanken kreisen in meinem Kopf, geprägt von Angst und Aussichtslosigkeit.

Ich muss an die Ereignisse dieses Tages denken. Wie ich am Morgen bei meinem damaligen Freund aufwache und das erste Gefühl, das ich empfinde, natürlich wieder Angst, ja eine regelrechte Panik ist. Vom Klingeln des Weckers aus dem Schlaf gerissen muss ich hinein in eine Realität, die mir als ungeheuer grausam erscheint.

Wovor ich Angst habe, kann ich nicht genau definieren. Eigentlich sollte ich mich freuen, denn ich darf heute für einen Ferienjob im Altersheim probearbeiten, aber wie so oft, oder eigentlich immer in den letzten Monaten, empfinde ich nur Angst. Angst ist zu meinem ständigen Begleiter geworden. Ein Begleiter, den ich nicht abschütteln kann, der immer bei mir ist und sich sofort lautstark zu Wort meldet, sobald ich einen kurzen Moment der Entspannung genießen kann. Diese Angst lässt sich nur durch ständiges Grübeln und Gedankenzwänge kurzzeitig reduzieren. Doch was ist das für ein Leben, in dem man nur damit beschäftigt ist, die inneren Dämonen und Ängste ruhig zu stellen?

Nachdem ich mich schließlich aus dem Bett gequält habe, fahre ich zum Probearbeiten und komme 20 Minuten zu spät, da ich unfähig bin, mich zu beeilen, und meine Ängste mich behindern. Im Altersheim werde ich kurz von den Schwestern eingewiesen und soll nun im Tagesraum arbeiten. Meine Oma, die auch in diesem Heim lebt, ist ebenfalls im Tagesraum.

Zu meiner Oma ist zu sagen, dass sie ein unglaublich lieber und einfühlsamer Mensch ist, der es im Leben oft nicht leicht hatte, aber nie mit seinem Schicksal haderte, sondern immer versuchte, das Beste daraus zu machen. Ich bewundere sie dafür sehr. Später, nach dem Suizidversuch, erzählte sie mir, sie hätte mir irgendwie schon angesehen, dass etwas mit mir nicht stimmte. Wie recht sie doch hatte. Ich quäle mich also durch den Vormittag und bin entsetzt, wie schlecht ich mich auf die Arbeit konzentrieren kann. Es geht nur schleppend voran. Ich muss an die Zeit meines freiwilligen sozialen Jahres (FSJ) denken, das ich nach dem Abitur in einem anderen Altersheim gemacht habe. Damals hat mir die Arbeit mit alten Menschen noch immer Spaß gemacht. Nun stelle ich mich unbeholfen an, fühle mich ziemlich hilflos. Ich bin viel zu sehr mit meinen Grübelzwängen beschäftigt, als dass ich mich auf die Bewohner konzentrieren kann.

Endlich ist der Vormittag vorbei und ich kann nach Hause fahren. Doch der Tag ist noch nicht überstanden. Es steht noch mein erster Termin bei der Psychiaterin an, da ich vor Kurzem meinen Eltern und meinem damaligen Freund Manu erzählt habe, dass es mir psychisch nicht gut gehe, und meine Mama für mich daraufhin einen Termin in der Praxis vereinbart hatte. Warum ich es ihnen so spät erst erzählt und mich geöffnet habe, weiß ich nicht mehr.

Die Ängste hatten ja schon zu Abiturzeiten angefangen, wurden während meines FSJ und später während des Studiums Alltag. Ich studierte soziale Arbeit und hatte sogar das Fach psychische Störungen, in dem auch Angststörungen thematisiert wurden. Doch ich log mich selbst lange an und verleugnete vor mir selbst, was mit mir los war. Ich spielte die glückliche, ehrgeizige Studentin.

Doch innerlich war ich zerbrochen. Erst als die Angststörung in den Semesterferien ihren Höhepunkt erreichte, fing ich zögerlich an, mich zu öffnen. Ich war zu diesem Zeitpunkt auch schon sehr depressiv.

Als ich der Psychiaterin gegenübersitze, erzähle ich ihr zwar ausführlich von meinen Problemen, habe jedoch nicht das Gefühl und die Hoffnung, dass sie, eine Therapie oder die Medikamente mir helfen könnten. Aber ich habe einen Plan. Einen Ausweg – meinen Ausweg.

Die Entscheidung treffe ich endgültig, als sie mir fachlich und medizinisch bestätigte, dass ich eine Angststörung und Depressionen habe. Diese Diagnose von einer Fachfrau zu hören, ist für mich, die sich selbst so lange und gekonnt angelogen hatte, wie ein Faustschlag ins Gesicht. Mir wird klar, dass Selbstmord der einzige gangbare Ausweg für mich sein wird. Ich lasse sie reden und blicke aus dem Fenster.

Den Begriff Selbstmord mag ich eigentlich nicht. Er klingt so grausam und irgendwie nach einer Straftat. Freitod, das klingt schon besser und beschreibt auch genauer, wonach ich mich sehne.

Kurioserweise habe ich ja vor allen Dingen Angst. Angst, etwas falsch zu machen, jemanden zu verletzen; Angst, krank zu sein, und Angst, jemanden zu verlieren. Die Liste ist endlos. Kurzum – ich habe eigentlich Angst vor allem. Außer eben vor dem Tod. Der Tod erscheint mir als etwas Wundervolles. Das alte Leben hinter sich lassen und frei sein von Angst und Panik, das erscheint mir noch das einzig Erstrebenswerte. Ja, ich denke mir, es ist für uns alle das Beste. Ich glaube zwar zu wissen, was ich meiner Familie und meinen Freunden damit antun würde, aber ich kann dennoch nicht im Entferntesten einschätzen, welches Leid ich damit über alle meine geliebten Menschen bringen würde.

Auch wenn es mir unglaublich schwerfällt, es zuzugeben: In diesem Moment sah ich nur mein Leid und wollte es beenden, koste es, was es wolle.

Während die Psychiaterin mir also Therapiemöglichkeiten und die Medikamenteneinstellung erläutert, bin ich in Gedanken nur noch beim Planen meines Suizids. Ich grüble, wie ich es anstellen soll. Durch das Praxisfenster sehe ich das rege Treiben auf der Straße. Mit einem Schaudern denke ich, dass dies wohl das letzte Mal sein wird, dass ich diese Stadt, in der ich zur Schule gegangen bin, sehe.

Auf der Heimfahrt redet Mutter, redet und redet. Ich sehe aus dem Fenster und plane weiter meinen Suizid. Wie, weiß ich noch immer nicht, aber wo. Ich will in meinem Bett sterben. Wann? So bald wie möglich, also heute. Daheim angekommen, gehe ich sofort auf mein Zimmer, um am Laptop zu googeln, welche Möglichkeit des Suizids die geeignetste ist. Es soll schnell gehen und möglichst schmerzlos sein. Das Internet ist wirklich Fluch und Segen zugleich. Es gibt doch tatsächlich Foren, in denen Ratschläge gegeben werden, wie man sich am besten umbringt. Ich google also, wie ich sterben will.

Vor den Zug zu springen, traue ich mich nicht; Medikamente habe ich keine passenden; aufzuhängen wage ich mich auch nicht, aus Angst, qualvoll zu ersticken; am geeignetsten erachte ich das Aufschneiden der Pulsadern. In einem Forum lese ich, dass man innerhalb 20 Minuten verbluten würde. Ich habe aber keine Ahnung, dass es Arterien und Venen gibt und man eigentlich nur beim Öffnen von Arterien schnell verbluten kann. Was ich aber in einem Forum finde, ist, dass man längs schneiden muss. Obwohl ich den Tod so sehr herbeisehne, habe ich trotzdem Angst vor Schmerzen. Würde es stark schmerzen, sich die Pulsadern aufzuschneiden?

Ich gehe in den Keller, wo ich ein altes Teppichmesser finde. Außerdem nehme ich mir eine Flasche Wodka und Orangensaft mit auf mein Zimmer. Dann ruft mich meine Mama zum Essen. Sie hat Schnitzel gebraten und mein Bruder sitzt mit am Tisch. Ich setze mich zu ihnen, kann aber nur ein paar Bissen essen. In meinem Hals ist ein dicker Kloß. Ich betrachte meine Mama und meinen Bruder und denke, dass ich sie zum letzten Mal sehe. Dann halte ich es nicht länger aus und beschließe in mein Zimmer zu gehen, um es endlich zu tun.

Ich umarme meine Mama lang und sage ihr, dass ich sie lieb habe. Meine Mama ist sichtlich gerührt, ahnt aber natürlich nichts von meinem Vorhaben. Ich weiß, dass meine Mama nach dem Essen einkaufen fahren wird und mein Bruder sich in sein Zimmer zurückzieht, um am Computer zu spielen. Ich habe also freie Bahn, da auch mein Papa in der Arbeit ist.

In meinem Zimmer schreibe ich einen langen Abschiedsbrief. Ich richte ihn an meine Eltern, meinen Bruder, Manu und meine Oma. Dann verdunkele ich das Zimmer, indem ich das Rollo und die Vorhänge schließe und ein gedämpftes Licht anmache. Die Tür schließe ich auch ab. Ich gehe zu meinem Laptop und öffne Youtube, da ich Musik hören will, während ich zu sterben versuche. Mir fällt spontan das Lied »Morning has broken« ein.

Die Melodie ist so schön und sie beschreibt das Gefühl, das ich habe: Hoffnung, dass das Leid nun vorbei ist. Hoffnung auf den Tod, der mein neuer Morgen sein soll. Eine neue Phase wird nun beginnen, da bin ich mir ganz sicher, obwohl ich nicht weiß, was mich nach dem Tod erwartet, aber ich bin überzeugt, es ist besser als das Leben mit all den Ängsten und Sorgen, die ich habe. Entweder ist es nach dem Tod einfach vorbei und eine tiefe, schwarze Leere empfängt mich oder aber ich werde wiedergeboren oder bin bei Gott und all den Menschen und Tieren, die ich geliebt habe und die schon gestorben sind, wie meine Großeltern und meine Katze Mimi. Sie alle haben es geschafft, aus diesem Leben zu gehen, und bald bin ich bei ihnen.

Ich lege mich ins Bett, trinke die halbe Flasche Wodka und hoffe, dass der Alkohol die Schmerzen etwas dämpft. Dann nehme ich das Teppichmesser, das auf meinem Nachtkästchen liegt, und betrachte meinen linken Arm,

Schrei, wenn du kannst!

da ich als Rechtshänderin am linken Arm schneiden werde. Das Tattoo mit dem Schriftzug »Carpe diem« und der Friedenstaube möchte ich nicht verletzen: »Pflücke den Tag«, also »Genieße den Tag«.

Den Tag genießen, das kann ich schon lange nicht mehr. Aber der Schrecken soll nun ein Ende haben. Ich betrachte die Ader, die sich im inneren Ellbogen abzeichnet. Sie erscheint mir passend. Ich atme tief durch, setze das Messer an und schneide – doch nicht tief genug. Nur die Hautschichten werden durchgetrennt. Ein zweiter Schnitt folgt und dann liegt die Ader offen. Ich hole tief Luft und schneide die Ader längs auf, sodass der Schnitt ungefähr fünf Zentimeter lang ist, wobei ich einen kurzen und sehr intensiven Schmerz verspüre.

Dann strömt das Blut heraus. Im Hintergrund singt Cat Stevens »Morning has broken«. Ich beobachte, wie das Blut aus meinem Arm strömt. Im Rhythmus meines Herzschlags pulsiert es heraus. Ich lasse mich auf das Bett sinken und denke mir, in ein paar Minuten ist alles vorbei. Ich lausche der Melodie des Liedes, bin überglücklich und habe es geschafft. Das Leid hat endlich ein Ende.

Vorerst ist aber nur das Lied zu Ende. Ich stehe auf und gehe zum Laptop, um das Lied auf Dauerschleife zu schalten. Dabei beflecke ich den Teppichboden meines Zimmers mit meinem roten, dunklen Blut. Mein Teppich ist hell und grau, die Blutflecken leuchten darin wie rote Rosen. Nachdem ich am Laptop fertig bin, lege ich mich wieder ins Bett. Schnell ist mein weißes Top von Blut durchtränkt und auch das Laken, auf dem ich liege.

Ich kuschle mich in die Decke ein und merke, wie das aus mir herausströmende Blut einen immer größer werdenden See unter meinem Rücken bildet. Ich verliere sehr viel und sehr schnell Blut. Schmerzen habe ich keine. Ich bin immer noch euphorisch und muss vor Glück und Freude weinen. Der Abschiedsbrief liegt neben mir auf dem Boden und bekommt auch einige Blutflecken ab. Ich fühle mich friedlich und bin angekommen. Nun wird alles gut.

Die Zeit vergeht nur langsam. Ich bezweifle allmählich, dass ich nach 20 Minuten, wie im Internet beschrieben, tot sein werde. Aber ich genieße den nahenden Tod. Ich liege da, als würde ich ein Nickerchen machen, friedlich, lächelnd, der Musik lauschend. Das Blut strömt unterdessen weiter aus meinem Arm. Als ich mich bewege, spritzt das Blut an die Wand. Deshalb halte ich mich lieber still.

Plötzlich muss ich an meine beste Freundin denken, nehme mein Handy in die Hand und schreibe ihr eine SMS. »Ich hab dich lieb, vergiss das nie«, oder so ähnlich. Sie schreibt auch sofort zurück und ist etwas verwundert. Ich will ihr noch eine weitere SMS schicken, doch mir wird langsam schwindlig und ich fühle mich benommen, sodass ich nicht mehr dazu in der Lage bin.

Ich muss auch an Manu denken. Es schmerzt mich, ihn nie wieder zu sehen. Ich beschließe ihn anzurufen, doch es meldet sich nur die Mailbox, da er in der Arbeit ist. Plötzlich muss ich heftig weinen. Nur langsam beruhige ich mich wieder, fühle mich aber auch immer schwächer. Ich liege da und warte auf den Tod.

Plötzlich merke ich, dass ich wegen des Wodkas dringend aufs Klo muss. Ich ärgere mich, dass ich so dringend muss und dadurch den nahenden Tod nicht genießen kann. Missmutig wäge ich meine Möglichkeiten ab. Entweder lasse ich es einfach laufen und sterbe in einem schmutzigen Bett oder ich gehe noch kurz im Bad auf das Klo. Mein Bruder spielt ja am Computer, schließt sich dabei meistens ins Zimmer ein und kommt nur äußerst selten raus. Mama und Papa sind nicht daheim. Die Chance, dass mich jemand sieht, ist also gering. Deshalb stehe ich schwankend auf und schleppe mich ins Bad. Ich registriere nicht mehr, dass ich dabei im Gang und Bad Blutspritzer hinterlasse. So gut es geht, beeile ich mich und gehe dann wieder in mein Zimmer und sperre die Tür ab. Wieder liege ich im Bett und warte. Ich werde immer müder und mir ist übel.

Plötzlich höre ich unten die Haustür aufgehen. Meine Mama ist wieder daheim. Schritte auf der Treppe, dann ein Schrei. Mir ist in diesem Moment nicht klar, warum Mama schreit. Sie hat mir später erzählt, dass sie, als sie die Blutflecken auf dem Boden des Gangs gesehen hat, zuerst dachte, es sei Farbe. Im nächsten Moment wurde ihr dann bewusst, worum es sich handelte. Ich höre eilige Schritte in Richtung meiner Tür. Sie rüttelt am Griff, vergebens. Es ist ja abgeschlossen. Dann schreit sie voller Panik nach meinem Bruder. Das Nächste, was ich höre, ist ein Krachen, dann springt die Tür aus den Angeln. Mein Bruder hat die Tür eingetreten.

Mama und mein Bruder stehen in der Tür und starren auf das Szenario. Mama fängt hysterisch zu schreien an: »O Gott, sie spinnt, das Mädchen spinnt.« Sie läuft zu mir ans Bett und sieht mich fassungslos an, sieht, wie das Blut aus mir herausströmt, und steht sichtlich unter totalem Schock. Stefan steht immer noch vor meinem Zimmer in der Tür, er stöhnt auf und dreht sich weg, während Mama ihm zuruft, unseren Hausarzt und auch den Notarzt zu rufen. Mama versucht Erste Hilfe zu leisten. Sie biegt meinen Arm in eine andere Richtung, aber das Blut fließt noch schneller heraus. Ich kann nur noch flüstern. Ich schaue sie an und sage: »Mama, du musst den Arm stabilisieren.« Mama antwortet daraufhin fassungslos, ob ich ihr jetzt noch Tipps geben wolle. Später wird Mama alle Schlüssel in unserem Haus wegsperren, weil sie vor verschlossenen Türen Angst haben wird.

Schnell ist unser Hausarzt da. Auch er muss sichtlich bei meinem Anblick um Fassung ringen. Das ganze Bett ist mit Blut getränkt, an den Wänden sind Blutspritzer, der Teppich ist blutbefleckt. Meine Eltern müssen mein Zimmer später komplett renovieren.

Der Arzt leistet Erste Hilfe und versorgt meinen Arm. Alle warten nervös auf das Eintreffen des Notarztwagens. Ich kann mich nicht mehr erinnern, welche Gefühle ich gehabt habe. War ich froh, gefunden worden zu sein? Ich habe es sehr ernst gemeint mit diesem Suizidversuch. Es war, auch wenn meine Familie es lange hoffte, mehr als ein Hilfeschrei.

Obwohl ich wirklich sterben wollte, hatte ich später in der Psychiatrie das Gefühl, einen Neuanfang machen zu können. Gut, dass ich damals noch nicht wusste, wie steinig der Weg zur vollkommenen Genesung noch werden würde. Wobei vollkommene Genesung wahrscheinlich ein Wunschdenken bleibt, aber auch wenn ich es lange nicht zu hoffen wagte, so werden glückliche Zeiten in meinem Leben auch wiederkommen. Ich werde wieder fähig sein, das Leben zu genießen. Carpe diem! Auch mir wird das wieder möglich sein.

Doch davon bin ich, wie ich so daliege auf meinem Bett, Mama und mein Bruder neben mir, noch weit entfernt. Wir alle weinen. Dann kommt endlich der Notarztwagen. Ich werde noch mal versorgt, anschließend bringen mich die Sanitäter hinaus zum Rettungswagen. Sie müssen mich stützen, da ich beim Gehen stark wanke.

Vor der Haustür realisiere ich, dass neben meinem Bruder einer seiner Freunde steht. Auch wenn ich gerade andere Probleme habe, um es harmlos auszudrücken, ist es mir peinlich, dass der Freund meines Bruders mich in diesem Zustand sieht. Im Notarztwagen werde ich auf eine Liege gelegt und die Rettungsassistenten führen einen Test durch, wie viel Blut ich verloren habe. Doch wie sich später noch zeigen wird, machen sie einen Fehler und schätzen die verlorene Blutmenge als zu gering ein. Ich werde ins Krankenhaus gebracht, wo meine Wunde genäht wird.

In der Zwischenzeit haben meine Eltern Manu und seine Familie informiert. Sie fahren alle zusammen zu mir ins Krankenhaus, doch als sie dort ankommen, bin ich bereits auf dem Weg in die Psychiatrie.

Basti, der beste Freund Manus, wird mir viel später erzählen, dass Manu sich an diesem Tag zu ihm hat fahren lassen. Er konnte nicht einmal mehr Auto fahren, so geschockt war er. Mein Papa hat mir erzählt, dass er, Mama, Stefan und ein paar Freunde unserer Familie im Wohnzimmer, nachdem ich weggebracht wurde, einen Kreis bildeten und sich an den Schultern berührten. Sie wollten einfach füreinander da sein. Alle standen unter Schock, waren gleichzeitig aber heilfroh, dass ich rechtzeitig gefunden worden bin. Sie alle beteten, dass ich so etwas nie wieder machen würde. Auch musste ich ihnen später immer wieder versprechen, mich bei Suizidgedanken zu melden und keinen Suizidversuch mehr zu machen. Ein Versprechen, das ich auch aufrichtig gab. Doch manchmal kann ein Versprechen, auch wenn man es ernst meint, nicht gehalten werden.

Wer bei einem Suizidversuch stirbt, erfährt niemals das Leid, das er über seine Angehörigen und geliebten Menschen bringt. Ich kann auch nur erahnen, wie sehr ich meine Familie und Freunde ins Unglück gestürzt habe. Papa sagt heute noch, er bete jeden Tag für mich, dass er mich nie sterben sehe. Mama meinte, das Schlimmste, das einem Elternteil passieren könne, ist, sein Kind zu verlieren, vor allem, wenn es durch eigene Hand geschehe.

Manu gab mir zu verstehen, dass er bei einem weiteren Suizidversuch nicht mehr zu mir halten könne.

Später sollte unsere Beziehung genau daran zerbrechen, obwohl er lange zu mir gehalten hat und ich ihm dafür sehr dankbar bin. Ich wollte nie, dass er und auch alle anderen so leiden müssen, aber ich habe einfach keinen anderen Ausweg mehr gesehen. Ich könnte seitenweise darüber schreiben, wie leid mir alles tut, aber es gibt einfach keine Entschuldigung. Im Nachhinein bin ich den Menschen unendlich dankbar, die in diesen schweren Tagen zu mir gehalten haben und weiter zu mir halten. Trotzdem verstehe ich auch diejenigen, die einfach nicht mehr konnten und sich zu ihrem eigenen Schutz von mir abgewendet haben.

In der Psychiatrie musste ich auf einem Bänkchen im Gang warten, bis ich vom Pflegepersonal ein Zimmer zugewiesen bekam. Hier wurde ich das erste Mal ohnmächtig. Wie schon erwähnt, hatten die Rettungsassistenten sich vermessen, als sie überprüften, wie viel Blut ich verloren hatte. Eigentlich hätte ich eine Bluttransfusion gebraucht. Die darauffolgende Nacht war ein einziger Horrortrip. Sobald ich vom Bett aufstand, um auf das Klo zu gehen oder um mich zu bewegen, wurde ich bewusstlos.

Mir war schlecht und gleichzeitig hatte ich Hunger. Ich bekam einen Joghurt und Trinknahrung zu essen, musste aber ständig erbrechen. Ich fühlte mich elendig und hatte große Schmerzen.

Meine Zimmernachbarin, eine ältere Dame, die sehr lieb war und, wie sie erzählte, auch wegen eines Suizidversuchs in die Psychiatrie musste (sie hatte Spiritus getrunken), läutete jedes Mal für mich nach den Schwestern, wenn es mir besonders schlecht ging. Die Nacht ging nur langsam vorbei. Am nächsten Morgen wurde ich dann ins Krankenhaus verlegt, weil die Ärzte den Verdacht hatten, ich hätte Rasierklingen oder Ähnliches geschluckt, da meine Blutwerte bei einer erneuten Messung so schlecht waren. Ich wurde im Krankenhaus untersucht (Magenspiegelung) und kam, da sie natürlich nichts fanden, weil ich ja wirklich nichts geschluckt hatte, wieder in die Psychiatrie in die geschlossene Aufnahme.

Meine Eltern kamen zu Besuch. Was sollte ich ihnen sagen? Es gab keine Entschuldigung für das, was ich getan hatte. Manu kam ebenfalls. Doch was sollte ich ihm großartig erklären?

Er gestand mir später, dass ihm bis zu meinem Suizidversuch nicht aufgefallen wäre, wie schlecht es mir seelisch ging. Doch auch wenn ich meine Krankheit lange verheimlicht hatte, normal war für mich schon lange nichts mehr gewesen. Und jetzt war es eben auch für meine Mitmenschen offensichtlich geworden.

Die Tage vergingen auf der geschlossenen Station nur langsam. Ich schlief viel. Dann wurde ich auf eine offene, gemischte Station verlegt. Mir ging es dort immer noch sehr schlecht. Die mir verabreichten Medikamente zeigten noch keine Wirkung. Ich hatte nach wie vor große Ängste und war sehr depressiv. Was mich in dieser Zeit wieder Lebenswillen schöpfen ließ, waren das Malen und Zeichnen. Seit meiner Schulzeit hatte ich es vernachlässigt und beides war nun eine willkommene Abwechslung zum oft langweiligen Stationsaufenthalt.

Ich malte zwei Porträts. Früher hatte ich fast täglich gemalt, aber da war ich ja auch noch gesund. Das erste Porträt habe ich aus einer Zeitschrift abgemalt. Es zeigte das Gesicht einer sehr schönen, eleganten Frau. Das zweite Porträt war das Baby einer Mitpatientin, die mein erstes Porträt sah und sich eins von ihrem Kind wünschte. Ich merkte, dass ich mich während des Malens endlich entspannen und so ein paar Stunden ohne Angst verbringen konnte.

Auch wenn ich noch unter starken Ängsten und Zwangsgedanken litt, schien es mir doch langsam etwas besser zu gehen. Die Ärzte teilten mir mit, dass ich auf eine Station für junge Patienten verlegt werden sollte, wo man therapeutisch mit mir arbeiten wollte. Am Wochenende durfte ich heimfahren und lud meine besten Freundinnen zum Kaffeetrinken ein, um ihnen alles persönlich zu erklären. Sie hatten mir durch Manu ein Paket gefüllt mit Schminke, Gesichtsmasken, Süßigkeiten, Zeitschriften usw. in die Psychiatrie geschickt. Es rührte mich sehr, dass sie sich so viel Mühe gegeben hatten.

Doch der Stress, der die Organisation des Kaffeetrinkens verursachte, ließ mich wieder bewusst werden, wie sehr mich jede kleinste Belastung stresste. In Bezug auf mein Studium, ich hatte die ersten zwei Semester bereits abgeschlossen, entschied ich mich, krankheitsbedingt ein Urlaubssemester einzulegen. Doch dazu konnte ich mich erst durchringen, als ich traurig und verzweifelt feststellen musste, dass mein momentaner Zustand eine sofortige Fortsetzung des Studiums nicht zuließ. Da ich schon immer sehr stur und ehrgeizig war, konnte ich diese Tatsache nur schwer akzeptieren.

Der zweite Suizidversuch

Auf der Station stresste mich das Therapieprogramm doch sehr, da es sehr streng und mit Terminen vollgepackt war. Ich konnte mich nur schlecht auf die Therapien konzentrieren, da ich immer viel zu sehr mit irgendwelchen Ängsten beschäftigt war. Schnell wurde ich wieder sehr depressiv und war einfach mit der Gesamtsituation überfordert. Ich geriet wieder in einen Strudel aus Suizidgedanken, die ich meinem Therapeuten aber verschwieg.

Einmal organisierten die Patienten einen Gemeinschaftsabend, bei dem sich alles um das Thema »Wellness« drehte. Wir durften Gesichtsmasken anfertigen, Handmassagen ausführen und gesundes Essen zubereiten. Doch ich konnte den Abend nicht genießen, es ging mir sehr schlecht. Ich war an einem neuen Tiefpunkt angekommen.

Am nächsten Tag hielt ich es nicht mehr aus und plante einen neuen Suizidversuch. Da ich diesmal kein Teppichmesser zur Hand hatte, beschloss ich, die Klingen aus meinem Rasierer auszubauen. Doch bevor ich ins Bad gehen und mich aufschneiden konnte, wurde ich zum Abendessen gerufen.

Meine Zimmerkollegin, die sehr sensibel und feinfühlig war und geradezu einen siebten Sinn hatte, bemerkte das Fehlen meines Rasierers im Bad und konfrontierte mich damit. Ich konnte nur noch weinen. Daraufhin alarmierte sie die Schwestern und meinen behandelnden Arzt.

Wegen der Suizidgefahr wurde ich in die geschlossene Abteilung verlegt. Allerdings durfte ich meine Sachen selbst packen und so bemerkte niemand, dass ich noch einen Ersatzrasierer bei mir hatte.

Ich kam in ein Überwachungszimmer. Das Bad aber ließ sich abschließen. Also wartete ich, bis die Nachtruhe einkehrte und ich freie Bahn hatte. Ich schloss mich ins Bad ein und schnitt mit der ausgebauten Rasierklinge meine Narbe im inneren Ellbogen wieder auf. Doch das Gewebe war zu stark vernarbt und ich konnte nicht bis zur Ader durchdringen. Blind vor Verzweiflung schnitt ich knapp unter meinem Tattoo am linken Handgelenk eine Ader auf, bei der es sich aber nur um eine kleine Vene handelte. Ich blutete nicht stark genug, gab mein Vorhaben auf und läutete dem Pflegepersonal.

Aufgrund meiner Verletzungen wurde ich ins Krankenhaus gebracht und dort genäht. Anschließend verlegte man mich wieder in die Psychiatrie und ich verbrachte einige Wochen auf der geschlossenen Station. Nach dieser doch sehr trostlosen Zeit, in der kaum ansprechende Kontakte und Kommunikation mit Mitpatienten möglich war, stabilisierte sich mein Zustand aber dann doch und ich wurde auf die offene Station verlegt.

Der dritte Suizidversuch

Die Stationsärzte beantragten für mich eine Therapie in einer psychosomatischen Klinik. Ich wurde einer solchen Einrichtung zugeteilt und kam dort Anfang Dezember 2013 an. Meine Zwänge waren zu Beginn des therapeutischen Aufenthalts noch immer sehr ausgeprägt und ich entwickelte wieder eine Depression, die im Laufe der Zeit immer schlimmer wurde. Zwar hatte ich bei den Mitpatienten Anschluss gefunden und auch einige schöne Momente erlebt, doch war ich mit den einfachsten Dingen überfordert und habe auch meine Familie, Manu und meine Freundinnen vermisst.

An Silvester hatte ich einen Nervenzusammenbruch und habe stundenlang geweint, während die anderen Patienten den Rutsch ins neue Jahr feierten. Meine Eltern kamen einige Tage später an einem Wochenende zu Besuch und ich weiß noch, wie mich bereits die Buchung ihres Hotels komplett überforderte. Wir besuchten gemeinsam eine Burg und diese Ablenkung machte mein Tief an diesem Wochenende einigermaßen erträglich.

Am folgenden Wochenende kam dann auch mein Freund Manu zu Besuch. Seine Anwesenheit tat mir gut. Aber er hatte wohl bereits eine verschleppte Magen-Darm-Grippe und steckte mich mit dem Rotavirus an. Als er wieder nach Hause fuhr, brach die Grippe bei mir aus. Ich wurde unter Quarantäne gestellt und durfte mein Zimmer in der Klinik für einige Tage nicht verlassen. Nur mit mir alleine und ohne Beschäftigung erreichten die Depression und die Ängste eine neue, bisher nicht gekannte Intensität, die mir eine Befreiung oder gar Genesung unmöglich erscheinen ließ. So fing ich kurze Zeit später wieder an, einen Suizid zu planen.

Als ich wieder aus meinem Zimmer durfte, hatte ich schon nichts anderes mehr im Kopf als den verzweifelten Wunsch zu sterben. So habe ich wie wahnsinnig in der Klinik nach einem Skalpell gesucht, mit dem ich mir die

Auf einer Burgruine. Die Sonne scheint … aber in mir ist es dunkel.

Pulsadern wieder aufschneiden konnte. Einmal bin ich sogar nachts in den Raum für Ergotherapie eingebrochen, da ich hoffte, dort ein Skalpell zu finden, doch zu meinem großen Glück bin ich nur auf ein stumpfes Küchenmesser gestoßen.

Also baute ich wieder die Rasierklingen aus meinem Rasierer aus und wartete, bis Nachtruhe einkehrte. Außerdem habe ich diesmal auf einer medizinischen Seite im Internet genau nachgelesen, wo die Arterien im Arm liegen. Dadurch konnte ich auch eine geeignete am rechten Arm finden, doch stand mir ja nur die kleine Rasierklinge zur Verfügung. Da ich schon zweimal zuvor versucht hatte, mir die Pulsadern aufzuschneiden, habe ich beim dritten Mal alle gesunde Angst und Scheu verdrängt.

Ich schneide mir also stückchenweise die Arterie heraus, da ein länglicher Schnitt nicht möglich ist und ich mit der Rasierklinge dauernd abrutsche. Immer wenn die Blutung schwächer wird, schneide ich wieder ein Stück weiter. Die Ärzte, die mich danach nähten, bestätigten, es sei ein Wunder, dass ich keine Sehnen oder Ähnliches verletzt habe. Es ist ein Gemetzel. Ich verliere schnell und viel Blut. Ich liege anfangs im Bett und muss auf die Toilette, verliere auf dem Weg ins Bad, das sich an mein Zimmer anschließt, aber immer wieder aufgrund des großen Blutverlustes das Bewusstsein. Also krieche ich, immer wieder bewusstlos werdend, in mein Bett zurück, schließe die Augen und werde ohnmächtig.

Auch wenn es mir peinlich ist, so habe ich während meiner Bewusstlosigkeit sämtliche Körperflüssigkeiten in das Bett laufen lassen. Ich wache immer wieder kurz auf und nutze diese Phasen, um noch mehr und tiefer zu schneiden. Mir wird wieder klar, dass der Tod durch Verbluten doch nicht so leicht eintritt, wie ich es mir vorgestellt habe. Doch das ist mir egal. Ich will jetzt endgültig sterben und werde nur durch etwas gerettet, das ich mir logisch nicht erklären kann.

Ich lag schon stundenlang im Bett und blutete, bin unzählige Male bewusstlos gewesen und komme nun immer wieder für kurze Augenblicke zu mir. Und nach stundenlangem Leiden erwache ich schließlich endgültig aus einer wohl langen Phase der Bewusstlosigkeit und meine Hand schnellt wie ferngesteuert zum Notrufknopf und drückt ihn. Es geschieht gegen meinen Willen, zumindest bei oberflächlicher Betrachtung. Und doch wird etwas in mir, auch wenn es bis dahin nur schwach ausgeprägt war, plötzlich mächtig und stark und will einfach – LEBEN!

Dann kommen auch schon zwei diensthabende Schwestern ins Zimmer. Sie sind einfach sprachlos bei dem sich bietenden Anblick. Sie wissen auch nicht, wie sie richtig Erste Hilfe leisten sollen, aber sie alarmieren sofort den Notarzt. Ich kann es ihnen nicht verdenken, dass sie so geschockt und unfähig waren, etwas zu tun. Mein Anblick und der des Zimmers war sicher schrecklich. Das Zimmer musste später für mehrere Tausend Euro renoviert werden.

Auf dem Weg in die Unfallklinik bekam ich eine erste Bluttransfusion, später brauchte ich noch eine oder zwei weitere.

Ich wurde sofort einer Notoperation unterzogen, und da ich mir ein Stück der Arterie herausgeschnitten hatte, mussten die Ärzte eine meiner Venen kürzen und das fehlende Stück Arterie damit ersetzen. Sie sagten, dass sie so etwas noch nie gesehen haben. Wenn ich heute die Narbe an meinem rechten Arm betrachte, kann ich es selbst kaum fassen, dass ich so etwas gemacht habe.

Anschließend wurde ich wieder ins Bezirksklinikum verlegt und musste ungefähr eine Woche auf einer Überwachungsstation, im Bett liegend, verbringen. Zum einen war ich durch den Blutverlust noch sehr schwach, zum anderen hatte ich immer noch das Rotavirus in mir. Nach dieser Zeit kam ich wieder auf die mir bereits vom vergangenen Herbst vertraute, offene Station. Dort sollte ich eine meiner ersten Hypomanien erleben. Es ging mir zeitweise plötzlich richtig gut. Während dieses Aufenthaltes diagnostizierten die Ärzte bei mir eine bipolare Störung.

Die Trennung von Manu und der vierte Suizidversuch

Aufgrund der Diagnose der bipolaren Störung, die sich durch ihre klassischen Symptome im Frühjahr 2014 bestätigte, wurde mir schließlich geraten, noch mal eine Therapie zu beginnen. Diesmal legte ich Wert auf einen möglichst heimatnahen Therapieort.

Die Beziehung zu Manu wurde in dieser Zeit immer schlechter, da er meine Suizidversuche nicht verkraften konnte und sich immer mehr von mir distanzierte. Obwohl ich in Manus Heimartort einen Therapieplatz erhielt, besuchte er mich nur selten und eher widerwillig. Zu dieser Zeit war ich aber etwas manisch und habe mir deshalb keine allzu großen Sorgen gemacht.

Meine behandelnde Therapeutin war eine sehr liebe und kompetente Frau, doch gab es einen Arzt in der Klinik, der in meiner Wahrnehmung eher unfähig oder vielleicht auch überfordert war. Er unterstellte mir, meine Medikamente nicht zu nehmen, da die Messwerte nicht den Erwartungen entsprachen. Obwohl das nicht stimmte, willigte ich sogar ein, die Medikamente unter Aufsicht zu nehmen. Dann unterstellte er mir Suizidgedanken, obwohl ich manisch war und die ganze freie Zeit mit meinen Mitpatienten im Garten verbrachte, die Sonne genoss und es mir rundum gut ging.

Schließlich verfügte dieser Arzt, den ich wirklich gerne mal im Nachhinein fragen würde, ob er trotz seines Studiums nicht in der Lage sei, einen manischen von einem depressiven, suizidgefährdeten Menschen zu unterscheiden, mit richterlichem Beschluss meine Zwangseinweisung in die Psychiatrie. In der Klinik war ich jedoch schon bekannt und man entließ mich nach nur einer Nacht. Darüber war ich sehr erleichtert, konnte ich doch auf diese Weise das alljährliche, sehr beliebte Volksfest an Pfingsten besuchen.

Dort traf ich auch meinen Freund Manu, den ich seit ein paar Tagen nicht gesehen hatte. Aber er machte während des gemeinsamen Abends in angetrunkenem Zustand mit mir Schluss – und das nach vier gemeinsamen Jahren. Er fühle sich überfordert, ihm würde alles zu viel werden, ich sei nur noch in Kliniken und außerdem hätte er nicht mehr genug Gefühle für mich, so seine Begründung.

Für mich brach eine Welt zusammen und ich erholte mich von diesem Schock nur langsam. Aber irgendwie kam ich dann doch über unsere Trennung hinweg und begann im Herbst 2014 eine Ausbildung im Altersheim.

Doch bereits während der ersten Woche des Blockunterrichtes an der Berufsschule musste ich erneut stationär in die Psychiatrie aufgenommen werden, weil ich mich wieder in einer depressiven Phase befand. So verpasste ich wichtigen Schulstoff – zumindest glaubte ich das. Als ich versuchte, das Versäumte nachzuholen, war ich überfordert. Auch die gezielte Vorbereitung auf eine Prüfung stresste mich übermäßig, denn schließlich hatte ich ein sehr negatives Muster entwickelt, mit dem ich auf schwierige Herausforderungen reagierte.

Wieder schlichen sich Suizidgedanken in meinen Kopf ein und tatsächlich kam es wieder zu einer Kurzschlussaktion. Ich packte sämtliche Medikamente, die ich im Haus meiner Eltern vorfand, samt einer Flasche Sekt in einen Rucksack und beschloss mit dem Auto in den Wald zu fahren, um dort die ganzen Pillen zu schlucken. Der Alkohol sollte die Tat erleichtern. Aber alles ging furchtbar schief. Ich fuhr mit dem Auto beim Rückwärtsfahren an einen Baum und blieb im Wald stecken.

Nachdem ich einige Medikamente geschluckt hatte, befiel mich plötzlich große Angst, wie ich sie bei meinen ersten beiden Suizidversuchen nicht gekannt hatte. Ich

Die Macht der Gedanken

hatte Angst um mein Leben, Angst, einen qualvollen Tod durch Organversagen zu erleiden, und wollte eigentlich gar nicht mehr sterben. So rannte ich in blinder Panik aus dem Wald und überlegte, wie ich möglichst schnell heimkommen könnte. Mein Handy hatte ich nicht dabei und mein Auto steckte zwischen zwei Bäumen fest. So lief ich zum nächsten Bauernhof und fragte die Frau, die auf mein Klingeln die Haustür aufmachte, ob sie mich nach Hause fahren könnte. Ich log, ich wäre spazieren gegangen und mir wäre schwindlig und schlecht geworden. Sie fuhr mich zu dem Haus meiner Eltern und mein Papa war zum Glück zu Hause. Ihm gestand ich auch gleich, was ich gemacht hatte. Papa fuhr mich dann sofort ins Krankenhaus, wo ich auf die Intensivstation zur Beobachtung kam und mit Infusionen versorgt wurde.

Nach einigen Tagen im Krankenhaus wurde ich wieder in die Psychiatrie verlegt, wo ich bald eine Manie entwickelte.

Doch dieser Aufenthalt sollte mein Leben grundlegend verändern, weil ich dort meinen jetzigen Freund Noah kennenlernte. Er war auf derselben Station Patient. Wir waren einander sofort sympathisch und verliebten uns bald ineinander. Wären wir nicht beide psychisch krank, wäre ich Noah nie begegnet. Für unsere Beziehung bin ich nach wie vor sehr dankbar, denn wir stützen uns gegenseitig und lieben einander so, wie wir sind.

Hinweis und Fazit zum Thema Suizid

Selbstmordgedanken können jeden von uns treffen. Mal schleichen sie sich langsam ein, mal kommen sie ganz plötzlich. Junge wie alte Menschen, Frauen und Männer, sogar Kinder. Was ich aus eigener Erfahrung sagen kann und was wichtig ist, was lebensnotwendig ist:

Sich melden, sobald die ersten Suizidgedanken aufkommen. Nicht erst später – sofort!

Nur dann kann einem geholfen werden. Verschweigt man solche Gedanken, werden sie immer stärker und es entsteht ein Abwärtsstrudel, der immer schneller und tiefer alle Hoffnung mit sich reißt. Man bekommt einen Tunnelblick und sieht nur noch den Todeswunsch. Deshalb muss man sich im Anfangsstadium der Selbstmordgedanken an Vertrauenspersonen wenden, da man später nicht mehr in der Lage dazu sein wird und sein Vorhaben in die Tat umsetzen will.

Jedes Problem, jeder Konflikt, jeder tragische Schicksalsschlag, jedes noch so schlimme Gefühl wird vorübergehen, wenn man dem Leben eine Chance gibt.
Einer Freundin, die depressiv war und Suizidgedanken hatte, habe ich den folgenden Text geschrieben:

> Wenn die helle, große Sonne untergeht,
> es dämmert und schließlich Nacht wird,
> alles dunkel und kalt ist,
> zweifelst du dann daran,
> dass es wieder Tag werden wird?
>
> Wenn der warme Sommer vorbei ist
> und es Herbst und dann dunkler Winter wird,
> zweifelst du dann daran,
> dass der Frühling wieder kommt?

In Zeiten der Depression,
Trauer und vor allem Verzweiflung
ist es wie in einer dunklen Winternacht.

Doch habe den unbedingten Glauben,
dass, als wäre es ein Naturgesetz,
deine Traurigkeit vorübergehen wird.

Habe die berechtigte Hoffnung
und das Vertrauen, dass,
egal wie aussichtslos es scheint, alles,
mag es auch seine Zeit brauchen,
wieder einen hellen,
sonnenbeschienenen Sommertag sehen wird.«

Mein Fazit zum Thema Suizid: Wir Menschen verbergen uns gerne hinter Masken. Wir haben auch zu unterschiedlichen Situationen in den entsprechenden Milieus die verschiedenen »passenden« Masken. Nun, bei mir war die dominierende Maske die einer gesunden, oberflächlichen und scheinbar glücklichen Studentin. Doch darunter war ich ein Nichts, ein sehr, sehr kranker, unglücklicher Mensch. Die Maske, die ich getragen habe, war nichts weiter als eine Wunschvorstellung, der ich niemals gerecht werden konnte – was ich heute auch gar nicht mehr will.

Ich kam mir vor wie ein Schauspieler in einem Theaterstück, aus dem ich mit allen Mitteln ausbrechen wollte. Aus dem Theaterstück ausbrechen? Dieses vergebliche Unternehmen hat mich vier Suizidversuche gekostet. Glaubt man an Wiedergeburt, wäre ich einfach ins nächste ähnliche Theaterstück hineingeworfen worden. Ich aber wollte ins wahre Leben.

Nicht den Tod habe ich eigentlich herbeigesehnt, sondern das aufrichtige, pure Leben mit all seinen Freuden und Leiden.

Aus meinem traurigen Theaterstück auszubrechen, glaubte ich zuerst nur durch Selbstmord zu können. Doch die Lösung war viel einfacher und viel schwieriger zugleich.

Ich musste lernen, meine Maske abzulegen, ehrlich zu sein, und zwar in erster Linie zu mir selbst.

Erst als ich diese schmerzende Maske, die mich selbst immer mehr zerstörte, abgelegt habe und keinem mehr etwas vormachen musste, sondern zu meiner Krankheit stand, konnte ich frei leben. Und diejenigen, denen es nicht möglich war, die wahre Vera zu akzeptieren, stellten sich als traurige Schauspielerkollegen in dem Theaterstück heraus, dessen Teil ich zum Glück nicht mehr bin. Denn es besteht aus Lug und Trug. Das brauche ich heute zum Glück nicht mehr.

Lauf schnell weg, entfliehe diesem Theaterstück

Wenn dich Zwänge einengen ...

Am Anfang, als sich die Zwänge in mein Leben einschlichen und immer mehr Besitz davon zu ergreifen drohten, dachte ich, ich wäre damit völlig alleine.

Natürlich wusste ich auch zunächst nicht so recht, was mit mir geschieht. Ich merkte aber, dass ich mir plötzlich mehr Sorgen als früher machte, Dinge gewissenhafter und genauer erledigte, Handlungen wiederholte und sie schließlich mehrmals überprüfte. Der Zwang entwickelte sich so langsam, aber beständig, dass mir erst klar wurde, was mit mir los war, als ich schon längst höchst zwanghaft geworden war.

Anfangs schaute ich beispielsweise zwei- oder dreimal nach, ob ich meine Wertgegenstände, wie Handy, Geldbeutel und Schlüssel usw., in der Tasche hatte, kontrollierte einmal öfter, ob das Licht oder der Herd aus war.

Später war mein Hauptproblem aber tatsächlich eher der Zwang zu grübeln. Ich grübelte und war den ganzen Tag damit beschäftigt, über irgendwelche Belanglosigkeiten oder aber reale Sorgen nachzudenken und mich in irgendwelche Problematiken hineinzusteigern. Es fing meist mit irgendeiner berechtigten oder auch unberechtigten Sorge oder einem belastenden Gedanken an und darauf folgte eine derart unbeschreiblich intensive Angst, dass mir nichts anderes übrig blieb, als diese Angst mit teilweise stundenlangen grüblerischen Zwangsgedanken zu bekämpfen.

Zwänge sind ein krankhaftes Werkzeug des Gehirns, um Ängste zu dämpfen. Ich habe lange vor mir selbst verleugnet, was mit mir los war. Sogar als wir im Studium das Thema »Zwangsneurose« durchnahmen, habe ich mir nicht eingestehen wollen, dass dies auf mich absolut zutraf.

Meiner Familie und meinen Freunden habe ich mich erst kurz vor meinem ersten Suizidversuch anvertraut. Jahrelang verharrte ich im Schweigen über ein so tiefgreifendes Problem, das den ganzen Alltag belastet und das Leben ungemein einengt. Ich konnte mich lange nicht öffnen, da ich mich wie eine Art Missgeburt fühlte. Obwohl ich selbst Zwangsneurosen hatte, hielt ich an meinen Vorurteilen gegenüber Menschen mit Zwängen – sogenannten »Zwänglern« – fest. Die sind alle kleinkarierte Spießer, dachte ich, die den ganzen Tag putzen – und bestimmt auch Außenseiter.

Das Vorurteil hatte ich, obwohl mein Papa mir schon einmal kurz erzählt hatte, dass er auch unter Grübelzwängen litt, die jedoch längst nicht mehr so ausgeprägt waren wie früher. Bei ihm hatte das schon in der Kindheit angefangen, aber er hatte nicht das Glück, in seinem Umfeld auf Verständnis zu stoßen. So lernte mein Papa leider früh, sich für seine Grübeleien zu schämen. Und obwohl er mir seine Erfahrungen anvertraut hatte, traute ich mich trotzdem lange nicht, mich ihm zu öffnen.

Dass ich keine Ausnahme bin, sondern außer mir noch viele andere junge Leute betroffen sind, erfuhr ich während meiner stationären Therapieaufenthalte sehr eindringlich. Das Schicksal der Zwangsneurose teilen viele andere Menschen mit mir, mehr als man glaubt, solange man nicht selbst unmittelbar betroffen ist. Generell lässt sich sagen, dass Angststörungen in unserer Gesellschaft weit verbreitet sind.

Wenn man die Beiträge im Fernsehen oder auf Facebook liest und die Bilder betrachtet, entsteht der Eindruck, es ginge allen immer sehr gut und niemand hätte Probleme. Erfolgsmenschen. Lächelnde Profilbilder, Urlaubsfotos und immer tolle Erlebnisse! Was aber steckt oft hinter dieser scheinbar glücklichen Fassade? Ich glaube, ich bin nicht die Einzige, die auf diese Scheinwelt manchmal hereinfällt und sich denkt, alle sind so schön und glücklich, warum ich nicht. Tatsächlich hat jeder von uns sein eigenes Päckchen zu tragen, und vor allem psychische Störungen sind für viele von uns ein großes Problem.

In der sechsten Klasse hatte ich eine gute Freundin, die schon damals mit einer Angststörung kämpfte. Sie hatte allerdings eine andere Ausprägung als meine, und meine Freundin leidet auch heute noch teilweise an Panikattacken. Damals konnte ich nicht verstehen, was denn mit ihr los ist, wenn wir beispielsweise in einem Geschäft beim Einkaufen waren und sie plötzlich losrannte und einfach nur wegwollte, mich mit weit aufgerissenen Augen anstarrte und am ganzen Körper zitterte. Ich konnte mich damals noch nicht in so eine Situation hineinversetzen, war ich doch psychisch gesund – noch gesund.

Während der Therapie habe ich viele, vor allem junge Menschen getroffen, die unter einer Angststörung litten und wahrscheinlich immer noch leiden. Sie alle, auch wenn sie mir natürlich sehr leidtaten, denn ich wusste, was sie durchmachen müssen, haben mir Kraft und Hoffnung gegeben, da geteiltes Leid ja bekanntlich halbes Leid ist. Nicht alleine damit zu sein, einmal nicht der traurige Außenseiter in einer Welt von scheinbar normalen, glücklichen Menschen zu sein, gab mir unheimlich viel Kraft.

Ich will mit der ersten »Zwänglerin« anfangen, die ich außer mir und meinem Papa kennenlernen durfte. Sie heißt Hannah und ich bin in der Psychiatrie auf sie getroffen. Sie hat gleich sehr offen über ihre Zwänge gesprochen und mich damit sehr beeindruckt. Sie war eine junge Frau, fast noch eine Jugendliche, die einen sehr sympathischen und unkomplizierten Eindruck auf mich machte, vielleicht auch ein Stück weit chaotisch und sprunghaft, was eigentlich gar nicht zu ihren Zwängen passte.

Hannah hatte unheimliche Angst, etwas zu verlieren oder ein wichtiges Dokument aus Versehen in den Mülleimer zu werfen. Ihre Angst davor war so groß, dass sie häufig Mülleimer ausgeleert und den Inhalt untersucht hat. Dies tat sie dann sehr langsam und gewissenhaft. Es konnte Stunden dauern, weshalb sie sogar gelegentlich Mitpatienten bat, ihr zu helfen.

Darin lag ihr Hauptzwang, doch auch sie merkte, dass ihre Zwangsneurose wie ein Krebsgeschwür zu streuen anfing. Sie registrierte, durchaus mit Sorge, wie sich auch andere Zwänge einschlichen.

Zeitgleich mit Hannah war Josephine mit auf der Station. Mit Josephine habe ich noch manchmal Kontakt und es geht ihr inzwischen besser. Sie litt und leidet an einer Zwangsneurose. Auch Josephine ist eine sehr liebe Person, die in der Kindheit große Probleme mit ihrem Elternhaus hatte, wie sie mir einmal erzählte. Sie ist sozusagen ein gebranntes Kind. Josephine litt vor allem unter Gedankenzwängen, besonders unter einer fixen Idee, einem Erinnerungszwang.

Josephine ist einmal, bei einem Spaziergang in der Stadt, an einer Baustelle vorbeigekommen. Die Bauarbeiter arbeiteten in einer tiefen Grube. Genau in dem Moment, als sie vorbeiging, hörte sie einen lauten Schrei. Wochenlang musste sie mit dem Zwangsgedanken kämpfen, sie hätte aus Versehen jemanden in die Grube gestoßen. Wir haben immer wieder versucht, sie zu beruhigen, und ihr versichert, sie würde sich das nur einreden. Schließlich wusste sie ja auch selbst, dass sie unter Zwangsgedanken leidet, die mit der Realität nichts zu tun hatten, doch sie musste noch lange daran arbeiten, sich auch auf emotionaler Ebene zu vergewissern, dass sie natürlich niemanden in die Baugrube gestoßen hatte.

Während meiner Therapie, in der ich auch meinen dritten und schwersten Suizidversuch machte, lernte ich Vincent kennen. Vincent sah auf den ersten Blick wie ein typischer Jugendlicher aus. Er hatte lange Dreads, war immer sehr lässig im Reggae-Stil gekleidet und ist einer der friedlichsten und liebsten Menschen, die ich je kennenlernen durfte. Umso makaberer war die Art der Zwänge, an denen Vincent litt. Er litt an einer besonderen Form der Zwangsgedanken, nämlich »aggressive Zwangsgedanken«. So hatte er stets Angst, er könne jemanden mit einem Messer aus Versehen oder gar spontan aus unkontrollierbarer böser Absicht abstechen oder niedermetzeln. Jemandem mit der Zigarette Verbrennungen zuzufügen, war auch eine seiner Ängste. Vincent war Altenpfleger und konnte aufgrund seiner Zwänge seinen Beruf nicht mehr ausüben. Im Verlauf der Therapie musste er zahlreiche Expositionsübungen machen, auf die ich im nächsten Kapitel eingehen werde.

Vincent musste bei diesen Übungen beispielsweise den Bauch der Therapeutin mit einem Messer berühren und seine Angst aushalten, er könne gegen seinen Willen gewalttätig werden. Je öfter er solche Übungen machte, umso selbstsicherer wurde er auch in der Therapie und hat dadurch große Fortschritte erzielt. Ich beneidete ihn damals, da mir die auf mich zugeschnittenen Expositionsübungen in dieser Zeit noch herzlich wenig halfen und mich eher zusätzlich belasteten.

Ich erinnere mich auch noch an einen etwa 30-jährigen Mitpatienten, bei dem die Zwänge so weit fortgeschritten waren, dass er schlichtweg gar nichts mehr ohne Zwänge machen konnte. Aufgrund seiner Angst, mit Bakterien oder sonstigen Krankheitserregern in Berührung zu kommen, vermied er tunlichst, den Fußboden mit den Händen zu berühren. Er musste beim Essen das Besteck ganz gerade hinrichten und einen immer gleichen Abstand zum Teller einhalten; er konnte ohne Zwänge keine Bücher lesen, weil er das Gelesene dauernd noch einmal lesen musste; er konnte mit mir auf Facebook keine Nachrichten austauschen, weil seine Angst, sich zu vertippen, Blödsinn oder wirres Zeug zu schreiben, übermächtig war. Ich habe seinen Namen leider vergessen, doch nach meinem Suizidversuch hat er sich einmal geöffnet und mir anvertraut, dass 95 Prozent seines Alltags aus Zwängen bestünden und er auch unter Suizidgedanken litt. Eine Zeit lang habe ich mit ihm, den man auf den ersten Blick mit seinen vielen Tattoos und seinem sympathischen Äußeren nie für einen so verzweifelten Menschen halten würde, Kontakt gepflegt, der dann allmählich abgerissen ist. Ich wünsche mir aber von Herzen, dass er seine Meinung geändert hat, aus Angst vor Nebenwirkungen oder sonstigen Organschäden keine Medikamente nehmen zu wollen, und dass es ihm durch therapeutische Fortschritte jetzt besser geht.

Während einer sehr manischen und zwangsfreien Phase lernte ich auch noch Jochen kennen, der mir eher unsympathisch war, und es kam auch einmal wegen einer Kleinigkeit zu einem Streit. Jochen hatte jedenfalls ebenfalls sehr starke Zwänge. Er musste beispielsweise beim Essen das Gericht auf ganz besondere Art und Weise auf dem Teller anrichten und sortieren, um es dann ganz langsam und bedächtig zu essen. Auch Jochen war aufgrund seiner Zwänge nicht mehr fähig, zu arbeiten, und er entschied sich, in ein betreutes Wohnheim zu gehen. Ihm wünsche ich ebenfalls von Herzen alles Gute und es tut mir leid, dass ich mich ihm gegenüber oft so ablehnend verhalten habe, doch seine unübersehbaren Zwänge haben mich auch in dieser für mich zwangsfreien Zeit sehr stark an einen Teil meiner Persönlichkeit erinnert, dem ich noch heute sehr gespalten gegenüberstehe. Ich muss erst noch lernen, ihn anzunehmen und meine Unvollkommenheit zu akzeptieren.

Dass mein Papa auch Erfahrungen mit Zwängen machen musste, habe ich ja schon erwähnt. Mir kam dies dann in gewisser Weise zugute. Hatte er mir die Zwangsneurose wahrscheinlich vererbt, worüber man allerdings nur spekulieren kann, so konnte er mir doch viele hilfreiche Tipps geben, wie man die Zwänge zwar nicht ganz besiegen, aber in ihre Schranken weisen kann. Er hat mir dazu einige praktische Regeln aufgeschrieben, die auch ohne professionelle therapeutische Begleitung anwendbar sind. Die hilfreichsten Regeln möchte ich hier weitergeben. Vielleicht sollte ich erwähnen, dass noch vor einigen Jahrzehnten die Zwangsneurose als praktisch nicht therapierbar galt. Heutzutage kann man durch Verhaltenstherapie, Expositionsübungen und medikamentöse Behandlung sehr große Erfolge erzielen. In Zukunft werden wohl sicher noch viele neue Medikamente erfunden werden und es gibt auch Versuche, in denen schon heute kleine Elektroden ins Gehirn eingepflanzt werden, die die Zwangsimpulse stoppen und blockieren können. Es besteht also Hoffnung, dass es künftig auch die nötigen Gehirnschrittmacher als Pendant zum heutigen Herzschrittmacher geben wird, um es mal etwas humorvoll zu formulieren, denn Humor ist auch bei Zwängen die beste natürliche Medizin.

Tipps, damit die Zwänge nicht mehr so einengen

Für Schmerzen der Seele gibt es nur zwei Arzneimittel: Hoffnung und Geduld. Wenn man unter Zwängen leidet und sich entschließt, etwas dagegen zu machen, ist dies ein sehr leidvoller und anstrengender Prozess. Man sollte aber nie die Hoffnung aufgeben und sich schrittweise und geduldig voranarbeiten.

Zwangsunterdrückung ist unmöglich. Wenn man bisher mit allen Mitteln versucht hat, sich Zwänge zu verbieten und sie zu unterdrücken, muss man oft erleben, dass sie umso häufiger auftreten. Es ist unmöglich, nicht an den rosaroten Elefanten zu denken.

Gib dem Zwang einen Namen. Baue eine Beziehung zu ihm auf. Er ist nur ein Teil von dir, der vor irgendetwas Angst hat. Rede mit ihm. Wenn du deinen Zwang beispielsweise Frieda genannt hast, sage ihm, wenn er wieder auftritt: »Frieda, sei jetzt still und beruhige dich, es ist alles okay und alles wird gut.«

Distanziere dich aber auch ein Stück weit vom Zwang. Denk dir, es ist nur ein Zwang, es hat nichts mit der Realität zu tun, es ist keine echte Bedrohung. Es ist nichts Gefährliches, es gibt also nichts, was ich dagegen unternehmen muss.

Versuche, die Zwangsgedanken vorbeiziehen zu lassen – wie dunkle Gewitterwolken am Himmel.

Such dir Ablenkung. Wenn du dich auf etwas konzentrierst, was dir Spaß macht (Hobbys, Freunde, Arbeit usw.), können Zwänge in den Hintergrund treten und zumindest für eine Zeit verschwinden. Auch Sport, Meditation, autogenes Training, progressive Muskelentspannung, Yoga und Zen können helfen.

Versuche, die Zwangsgedanken zu entkatastrophisieren. Wenn man überlegt, was im schlimmsten Fall passieren kann, kann man oft, wenn man es völlig unrealistisch überzeichnet und ins Lächerliche zieht, selbst darüber lachen. Habe ich beispielsweise einen Ordnungszwang und kann nichts in der Wohnung unaufgeräumt lassen, dann sollte ich versuchen, mir zu sagen: »Gut, wenn die Wohnung jetzt aussieht wie ein Schweinestall, was passiert dann? Stürzt dann gleich das ganze Haus zusammen?« Auch wenn Zwänge im ersten Moment nicht gerade zum Lachen einladen, versuche deine Marotten mit Humor zu sehen: »Nobody is perfect.«

Denk dir immer wieder, am besten morgens und abends, sodass es langsam ins Unterbewusstsein einsickert: »Ich liebe mich. Ich respektiere mich. Ich vertraue mir. Um alles, was wichtig ist, kümmert sich mein Unterbewusstsein. Der Grübler in mir kann ruhig sein!«

Dann gibt es schließlich die berühmt-berüchtigten Expositionsübungen. Diese sollte man aber am besten mit professioneller Unterstützung machen.

Ein Beispiel dafür:

Eine Frau hat Angst, Krankheiten zu verbreiten, wenn sie etwas berührt. Sie wurde also von ihrer Therapeutin dazu aufgefordert, dass sie ihr Kekse servieren soll, die sie zuvor in aller Ausführlichkeit angefasst hatte. Dies ist für die Frau natürlich mit unglaublich viel Angst verbunden und es ist wichtig, dass sie bei dieser Übung auf gewohnte Zwänge, wie beispielsweise mehrmaliges Desinfizieren der Hände, verzichtet. Nur wer sich seinen Ängsten stellt und durch sie hindurchgeht, ohne dabei in die Vermeidungstaktik der Zwänge zu verfallen, kann lernen und verinnerlichen, dass die Angst, mag sie auch noch so groß sein, langsam auch ohne Zwangshandlungen abnimmt. Wiederholt man diese Übungen öfter, wird die Angst ihre dominierende Macht verlieren und das Angstniveau reduziert sich.

Ich schreibe mir oft Grübelzwänge auf und führe Tagebuch. Auch wenn ich im Kopf etwas wieder kontrolliere, beispielsweise die täglichen Erledigungen, mache ich mir kurz eine Liste, habe so einen besseren Überblick und muss nicht ständig darüber nachdenken.

Vor jedem Zwangsgedanken steht ein erstes Gefühl, auf das man sich immer verlassen kann. Erst dann kommen Zweifel und Unsicherheit. Versuche, nach diesem ersten Gefühl zu greifen und dich darauf zu verlassen. Es erfordert ein bisschen Übung, doch wer auf diese Grundintuition vertraut, kann Zwänge überflüssig werden lassen.

Für mich persönlich war gerade dieser letzte Tipp, sich auf das erste Gefühl zu verlassen, der wichtigste, der mir half, meine Zwänge ungemein zu reduzieren.

Aggression und Angst

Menschen mit Zwängen unterdrücken ganz oft ihre Aggressionen. Das bietet natürlich einen fruchtbaren Nährboden für Zwänge. In Zeiten der Depression, die ja immer sehr stark mit Zwängen verbunden waren, habe ich verlernt, gesunde Aggressionen zu fühlen und auszuleben. Wenn Ärger angebracht gewesen wäre, habe ich stets Angst empfunden und danach zwanghaft über die Situation nachgegrübelt. In Zeiten, in denen ich mich stabil fühle, kann ich endlich wieder Aggressionen und Wut empfinden und auch mal so richtig Dampf ablassen, indem ich fluche oder jemanden anschnauze, der mir dumm kommt. Für jemanden wie mich, der unbewusst stets seine Wut unterdrückt und durch Angstgefühle oder Zwänge ersetzt hat, fühlt sich dies unglaublich gut und befreiend an. Ich habe gelernt, mich wieder in einem normalen Maß zu ärgern, und das fühlt sich gesund und richtig an.

Ich weiß nun, wie schön es ist, sich einfach nur gesund zu fühlen, und schätze es wohl mehr als jemand, dem meine Erfahrungen fremd sind. Wut oder Aggression im gesunden Maße, auch wenn sie objektiv betrachtet negative Gefühle darstellen, gehören nun wieder zu meinem Gefühlsrepertoire. Ich bin froh und dankbar, auch wieder andere Gefühle zu haben als nur diese ewige Angst in Verbindung mit endlosen Grübelzwängen.

Wie sich Zwangsgedanken anfühlen

Ich bin im Bierzelt auf einem Volksfest mitten unter Leuten. Betrunken bin ich nicht, da ich heute die Fahrerin meiner Freunde bin. Alle anderen sind schon durch Alkoholgenuss angeheitert und auch ich lache und scherze mit ihnen. Oberflächlich betrachtet und von außen gesehen scheine ich glücklich zu sein, Spaß zu haben. Doch innerlich bin ich nur am Grübeln und habe die ganze Zeit über wahnsinnige Angst, fühle mich sehr angespannt. Ich habe einen Zwangsgedanken nach dem anderen. Hört der eine auf, weil ich den Gedanken von mir schieben kann, was mir aber nur mit größter Mühe gelingt, kommt mit einer maximalen Verschnaufpause von zwei Minuten der nächste.

Einen davon will ich zur Veranschaulichung beschreiben. Ich muss plötzlich daran denken, dass bestimmt einige Personen auf dem Volksfest eine Alkoholvergiftung erleiden könnten. Dann denke ich mir, dass man wohl schnell einen Notarzt rufen müsste, wenn der Fall eintreten würde. Weiß ich die Notrufnummer? Weiß ich, wie man jemanden in die stabile Seitenlage bringen kann? Ich habe darüber schon oft nachgedacht und bin mir natürlich sicher, dass die Notrufnummer 112 ist und ich die stabile Seitenlage auch hinbekommen würde. Das würde ich mir denken, wenn ich gesund wäre. Doch durch den Zwang hängt sich mein Gehirn sozusagen plötzlich auf, ich bekomme totale Panik, die Nummer im Notfall nicht parat zu haben. Obwohl ich sie im Handy eingespeichert habe, stellt sich plötzlich eine wahnsinnige Angst ein, sie im Notfall vergessen zu können. Ich wiederhole die Nummernfolge 112 immer wieder und wieder in meinem Kopf, doch es will sich kein Beruhigungsgefühl einstellen.

Ich denke mir 1+1=2. Ja, so kann ich sie mir merken und versuche so den Gedanken von mir zu schieben. Doch es klappt nicht, meine Freunde lenken mich immer wieder ab und ich kann mich nicht konzentrieren. So beschließe ich vorzugeben, auf das Klo zu müssen, um alleine zu sein. Ich schließe mich auf der Toilette ein und denke mir die ganze Zeit: »Du weißt sie doch eh auswendig und im Notfall kannst du richtig reagieren.« Doch ich habe unterschwellig enorme Angst, im Notfall oder bei einer Verletzung nicht helfen zu können und somit Schuld an einem riesigen Unglück zu haben. Wieder und wieder wiederhole ich 112, 112, 112, 112, 122 …? Oh nein, jetzt habe ich mich geirrt, oh nein, was passiert, wenn ich mich im Notfall auch irre? Gut, ich habe die Nummer im Handy. Ich hole mein Handy heraus und starre die Nummer minutenlang an – und bin immer noch im Klo eingesperrt. Wie viel Zeit wohl vergangen ist? Ich weiß es nicht. Schließlich, nach einer Zeit, die mir wie Stunden voller Angst und Kampf erscheint, geht das Angstgefühl plötzlich weg. Ich atme tief durch, bin erleichtert und gehe wieder zu meinen Freunden zurück, die mich verwundert fragen, wo ich so lange war. Ich schwindle und antworte, ich hätte auf dem Weg einen Bekannten getroffen. Wie so oft muss ich lügen, um nicht aufzufliegen und sie nicht merken zu lassen, was mit mir los ist. Doch ich weiß, der nächste Zwangsgedanke und die nächste Angstattacke werden bald kommen. Wie war das noch mal mit der stabilen Seitenlage …?

Hoffnung

Allen Menschen mit Zwängen möchte ich Hoffnung machen. Es gibt einen Ausweg! Auch wenn die Zwänge vielleicht nicht ganz verschwinden, sie können auf alle Fälle reduziert und in ihrer Intensität gemindert werden. Durch Therapie, durch Selbsterkenntnis, indem man sich seiner Vergangenheit stellt, durch Medikamente und durch Hoffnung ist vieles möglich.

Ich habe bereits einige Menschen geschildert, die wie ich unter Zwängen leiden. Jedem von uns geht es heute im Vergleich zu früher viel, viel besser. Josephine habe ich kürzlich erst getroffen und sie berichtete mir, dass ihre Zwänge manchmal noch ihre Macht entfalten, aber ihr Zustand nun um Welten besser sei. Vincent hat mir geschrieben, er brauche nur noch den letzten Feinschliff und mache täglich seine Expositionsübungen.

Liebe Menschen da draußen, die Zwänge haben: Öffnet euch! Sucht euch Hilfe! Es gibt Mittel und Wege, um sich selbst zu helfen und Hilfe zu bekommen. Ja, es dauert und die Zwänge lassen sich nicht von heute auf morgen reduzieren, aber langsam und sicher kann es besser werden. Das Prinzip muss lauten: Geduld und Hoffnung. Zwänge sind immer ein Zeichen eines inneren ungelösten Problems, das einen überfordert. Sie sind ein Hilfeschrei eurer Seele, nicht euer Feind.

Unterdrückte Aggression und Sexualität werden oft in Büchern als Ursachen von Zwängen aufgeführt. Ich darf dem aus eigener Erfahrung noch »Schuldgefühle« hinzufügen.

Unterdrückte Schuldgefühle – davon bin ich überzeugt – waren bei mir der Auslöser meiner Zwangsneurose. Doch auch bei Josephine spielen Schuldgefühle in Bezug auf ihre Familie eine entscheidende Rolle.

Weil es so wichtig ist, wiederhole ich es noch mal: Es gibt einen Ausweg aus den Zwängen, aber Aufgeschlossenheit und die Bereitschaft, an sich zu arbeiten, sind notwendige Voraussetzungen für eine Besserung oder gar Genesung!

Vera im Drogenwunderland

Ja, ich habe leider in meiner Vergangenheit zu viel Alkohol getrunken und Drogen konsumiert. Warum? Weil ich mich ins Wunderland flüchten wollte, weit weg von der Realität. Später, als ich clean wurde, habe ich mir als Mahnmal auf den rechten Oberarm eine Frau tätowieren lassen, die in ihrer Hand ein Fläschchen mit der Aufschrift »Poison« hält, also »Gift«. Ich wollte mich immer und überall daran erinnern, dass ich ein Suchtmensch bin und es für mich, eine ohnehin psychisch Angeschlagene, essenziell wichtig ist, clean und trocken zu bleiben. Symbolcharakter hat für mich auch, dass das Tattoo der heiligen Maria auf meinem linken Oberarm auf gleicher Höhe wie das Tattoo der Drogenfrau ist.

Größer könnte der Gegensatz zwischen den beiden Frauen nicht sein. Aber ich trage die Maria auf meiner linken Körperhälfte und somit ist sie näher an meinem Herzen.

Die Versuchung ist oft groß ...

Auf dem folgenden Foto erkennt man auch einen Schlangenkopf. Schlangen sind aufgrund der Geschichte von Adam und Eva in der Genesis Symbolfiguren der Versuchung. Die Drogen waren auch immer eine große Versuchung für mich. Dieses Schlangentattoo überdeckt die Narbe meines dritten Suizidversuches und ich bin sehr froh, sie nicht mehr ständig vor Augen zu haben. Nur wenn das Licht ungünstig einfällt, scheint die Narbe noch durch. Zwar bin ich froh, die Narbe überdeckt zu haben, aber es schadet mir auch nicht, hin und wieder daran erinnert zu werden, welchen schrecklichen Fehler ich begangen hatte, der mich fast das Leben gekostet hätte.

Du nimmst also das Gift? Willst du denn ins Wunderland oder in den Untergrund? Nicht du selbst kannst das entscheiden …

Suchtlebenslauf

Während einer Drogentherapie habe ich meinen Suchtverlauf geschrieben, den ich mir zum Glück aufgehoben habe.

Als ich fünfzehn Jahre alt war, habe ich zum ersten Mal Alkohol getrunken und das Rauchen von Zigaretten angefangen. Anfangs war ich auf Partys meist nur angetrunken. Geraucht habe ich auch nur am Wochenende. Bald wurde aber der Alkoholkonsum größer und häufiger, also Donnerstag, Freitag und Samstag. Ich hatte dann auch regelmäßig meine Filmrisse und musste einmal sogar wegen des Verdachts auf Alkoholvergiftung ins Krankenhaus gebracht werden.

So vergingen die Jahre, bis ich siebzehn Jahre alt wurde und das erste Mal mit Freunden Cannabis probierte. Es gab einen Partyraum, in dem zuerst Flatratepartys gefeiert wurden, aber schnell wurde es zur Normalität, dass wir im Nebenraum kifften. So habe ich regelmäßig am Wochenende gekifft und/oder Alkohol getrunken.

Im Alter von etwa 20 Jahren habe ich angefangen, regelmäßig Zigaretten zu rauchen, und mittlerweile konsumiere ich eine bis eineinhalb Schachteln pro Tag. Regelmäßig zu kiffen habe ich angefangen, als bei mir die bipolare Zwangsstörung diagnostiziert wurde, da ich mir einredete, das Kiffen sei ein Naturheilmittel und würde mir meine Ängste nehmen, was auch kurzfristig tatsächlich immer der Fall war. Meist habe ich zwei Wochen gekifft und dann wieder zwei, drei Wochen Pause gemacht. Während dieser Pausen habe ich allerdings zeitweise 2 bis 3 Tabletten »Tavor« (ein sehr starkes und abhängig machendes Beruhigungsmittel) täglich genommen.

Bei einem Aufenthalt im Klinikum habe ich das erste Mal eine Droge ausprobiert, die ähnlich wie Ecstasy wirkt, und dann noch einige Male Ecstasy selbst genommen. Leider lernte ich dort auch Leute kennen, die sehr experimentierfreudig waren und mir Hustenstiller verschafft haben, wenn kein Cannabis zur Verfügung stand. Speed habe ich zwei- oder dreimal konsumiert. Wenn es mir aufgrund meiner psychischen Erkrankungen schlecht ging, habe ich also immer entweder mich selbst verletzt (bis hin zu Suizidversuchen) oder eine Droge konsumiert. Sogar Nagellackentferner, Deos und Lachgas habe ich geschnüffelt, wenn es an anderen Stoffen mangelte.

Aber nach all diesen schlimmen Erfahrungen möchte ich jetzt und in Zukunft ein Leben ohne Suchtmittel führen, da ich aufgrund meiner psychischen Probleme viele Medikamente nehmen muss und die Wechselwirkung zwischen Alkohol und Medikamenten bekanntlich schädlich ist. Vor allem mein Medikament Lithium kann in Verbindung mit Alkohol schlimme Nebenwirkungen hervorrufen.

Die NA-Gemeinschaft

Ein Leben ohne Drogenkonsum wurde mir aber erst möglich, als ich den Weg zu den Meetings der Selbsthilfegruppe »Narcotics Anonymous« (NA) fand. Wir treffen uns bis zu viermal in der Woche mit unseren NA-Freunden und diese Gemeinschaft gibt mir und Noah, der noch stark mit seiner Abhängigkeit von Opiaten zu kämpfen hat, ungemein viel Kraft und ermöglicht uns ein cleanes Leben. Ein paarmal die Woche in einem geschützten sozialen Raum über seine Probleme zu reden und zu hören, dass es anderen genauso geht, bewirkt nahezu wahre Wunder. Wir haben dort auch Kontakte und Freundschaften zu Menschen geknüpft, die früher selbst drogenabhängig waren. Wenn zwei Süchtige auch nur über ihre Sucht reden, dann ist erfahrungsgemäß schon der erste Schritt in Richtung Besserung getan.

Eine Gemeinschaft ist etwas Wundervolles. Vor allem wenn man dasselbe Ziel hat und die steinige, steile Treppe gemeinsam bewältigt.

Auch wird bei NA immer wieder das »Nur für heute« vorgelesen. Nur für heute bedeutet, dass man nicht daran denken soll, die nächsten zwei Wochen, die nächsten Monate und Jahre clean bleiben zu müssen. Man soll sich einfach immer denken: »Nur für heute bleibe ich clean.« Man nimmt sich vor, im Hier und Jetzt zu leben, Tag für Tag zu denken, heute clean zu bleiben. So kann man Schritt für Schritt gehen, ohne sich selbst unter Druck zu setzen gemäß dem Motto: Für heute bleibe ich clean. Morgen ist ein neuer Tag, und morgen bleibe ich auch dann wieder nur für heute clean.

Die NA-Gemeinschaft bietet ein Zwölf-Schritte-Programm an, das den Weg in ein Leben ohne Drogen ebenen und festigen soll. Nachdem wir als Ergebnis dieser Schritte ein spirituelles Erwachen erlebt hatten, versuchten wir, diese Botschaft an andere Süchtige weiterzugeben und unser tägliches Leben nach diesen Prinzipien auszurichten.

In einem NA-Meeting habe ich einmal über meine Suizidversuche gesprochen und dabei bin ich mit mir selbst ins Hadern gekommen, weil ich dadurch meiner Familie, meinen Freunden und eben all meinen Mitmenschen so viel Leid zugefügt habe und ich nicht wisse, wie ich es wiedergutmachen soll. Ein NA-Freund meinte aber dann zu mir: »Du willst gleich mit dem neunten Schritt anfangen. Mache erst einmal die ersten acht Schritte, befasse dich mit dir selbst und kümmere dich um dich selbst. Danach kannst du immer noch versuchen, das Leid, das du verursacht hast, wiedergutzumachen.« Und er hatte recht. Würde ich jetzt zwanghaft versuchen, mich um andere zu kümmern und etwas wiedergutzumachen, würde es mich mehr belasten als mir helfen. So ist es jetzt das Beste für mich, bei mir selbst zu bleiben, mich um mich selbst zu kümmern und mein Leben zu gestalten, so, wie der NA-Freund mir geraten hat. Damit ist bestimmt auch meiner Familie und meinem Umfeld am besten geholfen. Und vor allem will ich eines beherzigen: keinen Suizidversuch mehr!

Heute weiß ich: Falls wieder schlechte Zeiten der Depression kommen, dann kann ich mich medikamentös in einer Klinik neu einstellen lassen. Außerdem stehe ich nun voll und ganz zu meinen Neurosen und Psychosen und weiß um den Rückhalt meiner lieben Familie und der Freunde, die hinter mir stehen und mich stärken.

Das Besondere an der NA-Gemeinschaft ist der starke Zusammenhalt. Ein schönes Bild, das den Zusammenhalt der NA Gemeinschaft verdeutlicht, ist folgendes:

Im Rahmen eines Leichtathletikwettkampfes kam es auch zu einem Hürdenlauf. Alle Läufer gingen konzentriert an den Start und wollten eine möglichst gute Platzierung erreichen. Als bereits einige Hürden überquert waren, geriet ein Teilnehmer ins Stolpern und fiel hin, wobei er sich sogar verletzte. Seine Konkurrenten bemerkten seinen Sturz, hielten inne, kehrten zu ihrem verletzten Kollegen zurück und gingen, ihn stützend und unter die Arme greifend – unter dem tosenden Beifall der Zuschauer – gemeinsam durch das Ziel

In unserer NA-Gemeinschaft herrscht ein ähnliches Solidaritätsgefühl, da auch bei uns die Schwächsten im Mittelpunkt stehen und niemand ignoriert wird, der um unsere Hilfe bittet. Die einzige Voraussetzung, sich der Gemeinschaft anzuschließen, besteht darin, den Entschluss gefasst zu haben, mit Drogen aufhören zu wollen. So kann auch jemand, der noch konsumiert, aber den Wunsch hat aufzuhören, ins Meeting kommen. Am Schluss jedes Treffens bilden wir einen Kreis und rufen: »Komm wieder, es funktioniert!« Und das tut es ja auch wirklich. Mag sein, dass wir uns diese Gruppendynamik selbst nicht im Detail erklären können, aber für mich geht von ihr eine gewisse Magie aus, die mir auf meinem Weg zur Genesung ungemein hilft.

Rückblickend kann ich sagen, als ich Drogen konsumierte, habe ich mich wie ein Vampir verhalten, der alles und jeden aussaugte. Vielleicht gefällt mir deshalb das Lied »Unstillbare Gier« aus dem Musical »Tanz der Vampire« so gut, das der Graf der Vampire singt und worin er seine unbändige, unstillbare, selbstzerstörerische Gier nach Blut anschaulich zum Ausdruck bringt. Ich gierte nach Drogen, die meine Ängste betäubten und mich meine Sehnsucht nach echter menschlicher Liebe und Geborgenheit vergessen ließen.

Noah und ich besuchen auch weiter die Meetings der NA und auch die gemeinsame Freizeitgestaltung mit den NA-Freunden kommt uns sehr zugute. Noah holte sich in der Gruppe die Kraft und fasste den Entschluss, clean sein zu wollen. Der Wille, clean zu sein und es auch bleiben zu wollen, ist das Wichtigste, das er bis jetzt in meinen Augen erreicht hat. Die Umsetzung ist natürlich schwer, aber sein ständiger Suchtdruck ist leichter geworden.

Auch für mich sind die Meetings ein wichtiger Bestandteil meines Lebens geworden. Ich bin weiterhin clean, habe nur sehr selten Suchtdruck und wenn, dann immer nach Ecstasy, da ich die extremen Glücksgefühle, seien es auch nur künstlich hervorgerufene, vermisse. Außerdem erinnern sie mich an meine manischen Zustände. Ich bin mit meinen Medikamenten mittlerweile sehr gut eingestellt und habe in den letzten Monaten weder ausgeprägte manische noch depressive Phasen oder Episoden erlebt.

Doch ich will ehrlich sein und muss sagen, dass ich manchmal diese extremen Gefühle sogar vermisse, die ja noch bis vor Kurzem meinen Alltag bestimmten. Nun bewege ich mich meistens in der goldenen Mitte der Gefühle und habe mich an diesen Zustand erst einmal gewöhnen müssen. Nun beginne ich, ihn immer mehr zu schätzen und dafür dankbar zu sein.

Aber zurück zu unserer NA-Gruppe. Nicht alle in der Gruppe sind mir sympathisch, doch man darf nie vergessen, dass jeder auf seine Weise ein kranker Mensch ist – der eine mehr, der andere weniger. Uns allen ist gemeinsam, dass unsere Krankheiten und Ängste die Auslöser unseres Suchtverhaltens waren. Heute habe ich einen sehr weisen Spruch auf Facebook gelesen: »Sucht kommt nicht von Drogen, sondern von betäubten Träumen, verdrängten Sehnsüchten, verschluckten Tränen und erfrorenen Gefühlen.« Jeder von uns wurde durch die Erlebnisse und Erfahrungen, die er in seinem Leben gemacht hat, zu einem suchtkranken Menschen.

Keiner von uns kann etwas dafür, dass er so ist, wie er ist. Doch was wir aus unserer Situation und Lebenswirklichkeit machen, liegt in nicht unbedeutendem Maße auch in unserer Macht und beruht auf unserer freien Entscheidung.

Freunde – Liebe – Spiritualität

Wenn ich darüber nachdenke, wer oder was mir auf meinem Weg am meisten geholfen und letztlich dafür gesorgt hat, dass ich überhaupt noch lebe und inzwischen sehr gut mit meinem Leben zurechtkomme, dann sind es im Wesentlichen diese drei:

Freunde

Wer sind die guten Freunde? Die, mit denen man jahrelang Partys gefeiert hat, die einen aber verlassen, wenn man nicht mehr der Norm entspricht? Oder sind es dann doch eher die, die einen so annehmen, wie man ist – krank oder gesund? Es sind diejenigen, die sich nicht von mir abgewendet haben, als ich am tiefsten Punkt meines bisherigen Lebens war, die nicht müde wurden, sich mein Wehklagen anzuhören und meinen Leidensweg mitzugehen. Man muss sich nicht jeden Tag sehen oder miteinander telefonieren oder schreiben. Aber wenn man mit echten Freunden Kontakt pflegt, dann fühlt sich das gut und richtig an.

Ich bin meinen guten Freunden sehr dankbar, dass sie für mich immer da gewesen sind und weiter zu mir halten. Und jenen, die sich von mir abgewendet haben, sei es, weil ich ihnen in manischen Phasen zur Last gefallen bin oder sie meine Depressionen nicht mehr ertragen konnten, will ich nichts nachtragen, weil ich weiß, dass sie es zu ihrem eigenen Schutz gemacht haben – auch wenn es mich verletzt hat.

Ich habe mir am rechten Arm viele Rosentattoos und auch Dinge und Gestalten voller dunkler Symbolik stechen lassen: die Taschenuhr, die Schlange, die Drogenfrau. Die Rosen stehen für meine geliebten Menschen und Tiere und sie fangen die düstern Symbole auf, deuten, ordnen und verbinden sie mit meiner Geschichte. So werde ich stets daran erinnert, wie auch meine geliebten Mitmenschen mich immer wieder aufgefangen und zu mir gehalten haben. Rosen sind die Blumen der Liebe. Und so trage ich viele Rosen auf meinem Arm.

Liebe

Ich möchte mich nun an all jene wenden, die ich in den letzten Jahren verloren habe, weil der Kontakt abgerissen ist oder weil der Tod uns getrennt hat.

Als Vera Maria werde ich euch allen, nun toten Wesen, die mir lieb und teuer waren, nicht mehr begegnen, auch wenn ich euch immer im Herzen bei mir tragen werde. Doch ich bin mir sicher, wenn ich sterbe und ins Jenseits hinübergehe, dann werdet ihr da sein und mich abholen.

Manu, mit dem ich während meiner Jugend und in den Anfangszeiten meiner Krankheit zusammen war, möchte ich sagen, dass es mir so unglaublich leidtut, ihn enttäuscht und mit meinem Suizidversuch so große Sorgen bereitet zu haben. Obwohl er mich nach dem ersten Suizidversuch bat, so etwas nie wieder zu tun, da er sonst um unsere Beziehung fürchte, hat er auch nach meinem zweiten und dritten Selbstmordversuch weiter zu mir gehalten. Als er dann die Beziehung schließlich doch beendete, fiel es mir schwer, seinen Entschluss zu akzeptieren. Heute ist mir klar, wie sehr er mit meiner Krankheit überfordert war, zumal er sich in meine Gefühlswelt nicht hineinversetzen konnte. Wie hätte er es auch können? Schließlich ist er ja psychisch gesund und jeder darf froh sein, wenn ihm Depressionen und Manien erspart bleiben. Ich bin ihm jedenfalls unglaublich dankbar für die Unterstützung, die ich trotzdem lange Zeit von ihm erfahren habe, und mir tut es unglaublich leid, dass ich ihn nach unserer Trennung während meiner manischen Phasen immer wieder belästigt habe, weil ich seine Freundschaft erzwingen wollte und ihn lange nicht habe gehen lassen können. Ich hoffe inständig, dass Manu sich irgendwann wieder verlieben kann und eine neue liebe Freundin findet, die ihm nicht so viel Kummer und Sorgen bereiten wird, wie ich es leider getan habe.

Ich glaube, es gibt Liebe, die man endgültig verliert und nur noch in seiner Erinnerung bei sich tragen kann. Aber es gibt auch Liebe, die einem Stern gleicht, den man eine Zeit lang nur nicht sehen kann, weil ihn eine Wolke verdeckt.

Mein Bruder Stefan, der vier Jahre jünger ist als ich, ist für mich so ein Stern. Stefan und ich hatten zusammen eine schöne Kindheit und ich habe mir schon früh einen kleinen Bruder gewünscht, aber Mama und Papa waren sich lange nicht sicher, ob sie noch ein zweites Kind bekommen sollten, weil Mama ja bei meiner Geburt eine Wochenbettdepression hatte. Aber ich bekam schließlich meinen kleinen Bruder und wir hatten lange ein gutes Verhältnis. Aber als Stefan in die Pubertät kam, verbrachte er immer mehr Zeit am Computer und die ganze Familie machte sich Sorgen, dass er abhängig werden würde.

Ich habe Stefan damals oft Vorträge gehalten und ihm ins Gewissen geredet. Auch habe ich ihm mal an den Kopf geworfen, dass er Papa, der damals unter einem Burn-out litt, noch mehr Sorgen bereiten würde. Dabei war ich es dann, die der Familie mit ihren Suizidversuchen den größten Kummer verursachte. Doch ich machte mir einfach Sorgen um Stefan und wusste auch nicht recht, wie ich mich verhalten sollte. Unser Verhältnis wurde immer schlechter und distanzierter.

Als ich den ersten Suizidversuch unternahm, war es ja dann auch Stefan, der mich gemeinsam mit Mama finden musste. Er hat mich gerettet, indem er die Tür zu meinem Zimmer eintrat und sich dabei sogar an der Schulter verletzte. Für einen Jugendlichen müssen es schreckliche Bilder gewesen sein, die er sein Leben lang nicht vergessen wird. Die eigene Schwester blutüberströmt auf dem Bett ... Ich glaube, Stefan hat mir die Suizidversuche bis heute nicht verziehen. Er hat sich klar von mir abgegrenzt, wir sehen uns nur selten und reden nur das Notwendigste. Manchmal fühle ich mich, als hätte ich gar keinen Bruder. Aber ich kann Stefan auch verstehen. Er war mit meinen Eltern nach meinen Suizidversuchen alleine und hat hautnah erlebt, mit welcher Angst sie zeitweise leben mussten. Ich war weit weg in der Klinik und habe das alles nicht so mitbekommen. Auch war stets die ganze Aufmerksamkeit in den letzten Jahren auf mich gerichtet und Stefan kam wohl oft zu kurz. Stefan musste sich abgrenzen, um überhaupt sein Abitur zu schaffen und mit seinem eigenen Leben zurechtzukommen.

Ich hoffe und wünsche mir von Herzen, dass unser Verhältnis im Laufe der kommenden Jahre wieder besser werden wird und Stefan mir irgendwann verzeihen kann. Mir tut alles unglaublich leid ... Stefan ist mein verdeckter Stern, der vielleicht irgendwann wieder hell für mich leuchten wird.

Doch auch wenn wir Menschen oder deren Liebe verlieren können, bleibt doch die Liebe selbst bestehen. Sie ist immer da, auch wenn wir sie weder sehen noch spüren können.

Die griechische Göttin Aphrodite, eine der zwölf kanonischen olympischen Gottheiten, ist meiner Meinung nach noch heute von zentraler Bedeutung. Sie steht für Liebe und verkörpert sie auch. Anfänglich war sie eher ein Symbol für das Wachsen und Entstehen. Erst später wurde sie zur Liebesgöttin. In der römischen Mythologie wird sie als Venus bezeichnet. Würde uns Menschen doch ein Leben ganz im Sinne der Venus gelingen! Bedingungslose Liebe zu sich selbst und unseren Mitgeschöpfen ist das höchste Ideal des Lebens. Mit den Mitgeschöpfen meine ich nicht nur Menschen, sondern auch Tiere und Pflanzen, letztlich die Umwelt und die Natur.

Würden wir versuchen, alles mit Liebe zu betrachten und zu behandeln, wäre die Welt ein wahres Paradies auf Erden und viel Schmerz könnte vermieden werden. Alles, was man mit Liebe betrachtet, ist schön. Dies mag jetzt sehr idealistisch klingen, doch ist der Wert der wahren Liebe meiner Meinung nach einfach wundervoll. Auch wenn ich mich als Utopistin und Romantikerin erweise, hoffe ich dennoch, dass sich die Welt eines Tages auf die Gestalt und die Werte der Göttin Aphrodite rückbesinnt und ein Stück weit ihren Geschöpfen ein freundlicheres Zuhause bieten kann.

Gibt man in Youtube den Begriff »Rose Theme« ein, kann man sich eine wunderschöne Melodie anhören, die an die Titelmelodie des Filmdramas Titanic angelehnt ist. Für mich war dieses Lied, das ich mir in der Psychose pausenlos angehört habe, wie ein Paradestück, das regelrecht für eine Liebesgöttin komponiert wurde. Es ist schön und schmerzvoll zugleich. Vielleicht klingt es etwas kitschig, aber ich habe den Eindruck, dass es von Sehnsucht, Leidenschaft und Dramatik erfüllt ist. So muss sich doch eine Liebesgöttin in Anbetracht der heutigen Welt fühlen.

Alles wäre viel einfacher und schöner, wenn die Menschheit reifer wäre. Und anstatt Geld, Ruhm und Eifersucht in den Mittelpunkt zu rücken, sollte man sich mehr auf den schönsten Wert rückbesinnen, den das Leben zu bieten hat: die LIEBE!

Auch ist das Lied »Rose Theme«, wenn man es als eine Melodie der Liebesgöttin ansehen mag, deshalb so schmerzvoll, weil Aphrodite genau weiß, dass die Liebe bei all ihrem Reiz und ihrer Magie auch sehr schmerzhafte Seiten haben kann. Wer liebt, kann verletzt werden. Geliebte Geschöpfe sterben und Partnerschaften können zerbrechen. Die Liebe ist etwas Magisches, Wundervolles und Schönes, aber sie trägt auch den Keim des großen Schmerzes und des Leides in sich.

Spiritualität

Ich denke von mir schon, eigentlich immer vernünftige Werte und gute moralische Vorstellungen gehabt zu haben. Natürlich habe ich auch lange genug falsche Ziele verfolgt und – wenn man so will – falsche Götter verehrt. Vor allem meine Anfälligkeit für Rauschmittel fällt mir dazu spontan ein. Auch meine zu stark ausgeprägte Gewissenhaftigkeit und mein Perfektionismus sind Teile meiner Persönlichkeit, die ich wohl nie ganz loswerde. Doch auch sie versuche ich in gewisser Weise wie Götter zu sehen, die wohl eher für eine dunkle Seite meiner Seele stehen, und sie liebevoll anzunehmen. Dann gibt es alte Götter, die sehr positiv zu werten sind und an denen ich auch in Zukunft festhalten werde: meine Tierliebe, meine Nächstenliebe, Freundschaft, den Mut, zu verzeihen – sowohl mir selbst als auch meinen Mitmenschen – meine Empathie und meine Aufgeschlossenheit für Spiritualität. Das alles sind Götter, die ich gern bei mir habe, und es sind alte Götter, da ich sie schon seit meiner Kindheit in mir trage.

Die Werte des Christentums und des Buddhismus prägen mich persönlich am stärksten. Alle alten Religionen haben Wahrheiten und Weisheiten in sich, die in der heutigen Zeit oft vergessen werden und in unserem schnelllebigen Leben oft keinen Platz finden. Auf diese Werte sollte man sich rückbesinnen.

Wer mein Buch gelesen hat, dem mag es vielleicht seltsam erscheinen, dass ich mir nun vorgenommen habe, ganz im buddhistischen Sinne, nicht allzu viel über Gott nachzudenken.

Natürlich kann man sich seine theologischen Gedanken machen, aber letztlich werden wir in diesem Leben nie eine Gewissheit in diesen Fragen erlangen. Wozu sich also ausmalen, wie es nach dem Tod weitergeht, ob es so etwas wie eine Hölle, einen Himmel, eine Matrix, eine Anderswelt oder einfach eine große Leere, Engel, den

Teufel oder Lichtwesen gibt, ob man wiedergeboren wird und wie Gott beschaffen ist? Meiner Überzeugung nach sind das Fragen über Fragen, auf die wir sowieso früher oder später eine Antwort bekommen, und zwar dann, wenn wir durch das Tor des Todes hindurchgegangen sein werden.

Ich lag neulich in der Badewanne und habe mir den Kopf über solche Fragen zerbrochen – natürlich ohne Ergebnis. Plötzlich bemerkte ich eine kleine Fliege, die immer wieder gegen das Licht der großen Lampe im Bad flog und so ihre Zeit und Kraft verzweifelt vergeudete. Mir wurde plötzlich schmerzlich bewusst, dass ich, die ich über Gott und die Welt grübelnd in der Badewanne lag, in gewisser Weise genauso naiv wie die Fliege war.

Ich glaube, viele Menschen streben danach, das Wesen Gottes zu erkunden, und gleichen damit den Insekten, die sich auch von Lampen magisch angezogen fühlen. Beide Unterfangen, das der Menschen und das der Insekten, sind zum Scheitern verurteilt. Ein Insekt wird nur wieder in die Freiheit gelangen, wenn es sich von der Lampe entfernt. Ich sollte auch wohl lieber das Leben genießen, dabei achtsam und bewusst meine Tage verbringen und mir nicht zu viele abstrakte Gedanken machen, die letztlich zu keiner wirklichen Bodenhaftung im täglichen Leben führen. Eine solche Einstellung ist ein praktischer, schnörkelloser und gangbarer spiritueller Weg, der mir das Gefühl gibt, unterwegs zu Gott zu sein.

Ich habe mir vorgenommen, mich auf das Hier und Jetzt zu konzentrieren, weder vergangenen Zeiten nachzutrauern noch mehr als nötig mir Gedanken über die Zukunft zu machen. Zu gegebener Zeit werden wir sehen, was sie uns allen bringen wird. Dann wird es an uns sein, darauf die richtigen Antworten zu finden.

Schon oft habe ich mir auf sehr fantasievolle Weise spekulative Theorien über Gott und die Welt zurechtgelegt, was auch durchaus von intellektuellem Reiz war. Man sollte es nur nicht übertreiben, denn das wahre Leben findet im Alltag statt, in der Begegnung mit anderen, in unserem Handeln und Erleben der Natur und ganz wesentlich in der Annahme unseres Schicksals, unseres Lebensweges, der auch leidvoll sein kann.

Nachfolgend möchte ich einige Beispiele aufführen, mit welchen Fragen und Gedanken ich mir in der Vergangenheit das Hirn zermartert habe, die sich bestens als akrobatische intellektuelle Spielereien eignen, jedoch keine Hilfestellung für die Bewältigung meines Lebensalltags waren:

Ist mein Leben etwa nur ein sehr langer Traum, aus dem ich im Tod aufwache? Sind alle anderen Wesen Teil meiner Gedankenwelt, die ich träume, denen aber keine eigene Realität zukommt?

Leben wir in einer simulierten Welt, die von einer Superintelligenz erschaffen wurde, analog zu dem Film »Matrix«? Der schwedische Philosoph und Zukunftsforscher Nick Bostrom hält diese Möglichkeit für durchaus wahrscheinlich und argumentiert mithilfe der Mathematik und Wahrscheinlichkeitsrechnung.

Gibt es Parallelwelten, Multiversen?

Warum funktioniert das Prinzip aus dem Roman und gleichnamigen Film »The Secret«?

Wie ist Gott beschaffen? Hat selbst Gott noch einen höheren Schöpfer und dieser dann wieder einen höheren und so fort? Entwickelt sich Gott weiter, wächst auch er?

Ist die Erde der einzige Planet im weiten, vielleicht sogar unendlichen Universum, auf dem Leben entstanden ist? Sind wir das Versuchsprojekt einer höheren Macht oder Superintelligenz?

Gibt es Wiedergeburt? Und wenn ja, entscheiden wir selbst, wann, wo und als welches Wesen wir wiedergeboren werden, weil uns noch genau die Erfahrungen fehlen, die wir dann machen werden, ja machen müssen? Oder liegt alles in der Hand einer höheren Macht, in der Hand Gottes? Oder ist alles nur Zufall, ein Spiel der Naturkräfte und ihr Wirken auf Materie und Energie, und somit unser

Wille nur äußerst begrenzt, womit unser ganzes Dasein nur einen temporären und partiellen Sinn hätte?

Mögliche Antworten auf diese Fragen sind weder beweisbar noch widerlegbar. Und das ist genau der Punkt, warum ich künftig diese Gedankenspiele möglichst klein halten will, ohne mich in große Spekulationen darüber zu ergehen.

Möge »Carpe diem« lieber mein Motto sein, so wie es auf meinem Handgelenk eintätowiert ist.

Und nach meiner Überzeugung wird jedem von uns ohnehin einmal alles offenbar werden. Vielleicht wusste ich ja schon unendliche Male alles, als meine Seele unmittelbar bei Gott war, aber vergaß es zu meinem eigenen Schutz bei meiner Geburt. Wer weiß? Aber auch das ist reine Spekulation und es wäre mühselig, sie weiterzuspinnen.

Neue Ziele

Die Erfahrungen meiner jüngsten Vergangenheit machen mir Mut für die Zukunft und so hoffe ich, noch längst nicht am Ende meiner Reise angelangt zu sein, einer Reise, die ich auf dramatische Weise fast selbst frühzeitig beendet hätte.

Ich habe mir fest vorgenommen, keine Suizidversuche mehr zu machen und psychisch stabil zu bleiben.

Meine Lebensziele bestehen in der Pflege meiner Partnerschaft und meiner Freundschaften, dem Abschluss einer Ausbildung und der stetigen Weiterentwicklung meiner Talente und Fähigkeiten sowie einer gelebten Offenheit für alles Neue.

Dankbarkeit, heißt es, sei der Schlüssel zur Zufriedenheit. So will auch ich in erster Linie für meine Partnerschaft, meine Familie und meine Freunde dankbar sein.

Folgender Spruch drückt sehr gut aus, was ich meine:

Ob dich der neue Weg vorwärts bringt oder nicht, weißt du erst, wenn du ihn gehst. Oft sind es aber gerade jene neuen, unbequemen Wege, die uns am Ende zum Glück führen werden.

Ich habe auch ein paar Träume, die ich noch verwirklichen will. So war ich vor Jahren im Rahmen eines Schüleraustausches in San Francisco. Ich habe mich damals in diese Stadt verliebt und will sie unbedingt wiedersehen. Sobald ich das Geld zur Verfügung habe, werde ich mir diesen Wunsch einer Reise nach San Francisco ermöglichen. Dort habe ich damals eine so schöne und unbeschwerte Zeit erlebt, an die ich mich gerne erinnere. Der Aufenthalt in dieser Stadt wird mir, aufgrund ihrer einzigartigen Atmosphäre, sicher wieder guttun, auch wenn ich nicht mehr die Gleiche sein werde, die ich damals, bei meinem ersten Besuch, war. Ich bin mir sicher, San Francisco eines Tages wiederzusehen, und darauf freue ich mich wahnsinnig.

Außerdem möchte ich auch einmal wieder Urlaub am Meer machen und das Meer und seine Weite als Symbol der Tiefe unseres inneren seelischen Kosmos' erleben. Und – keine Frage – ich will mir noch weitere Tattoos stechen lassen ...

Der Lichtschein der Hoffnung.

Nach den vergangenen schwierigen Jahren ist es für mich wichtig, klare Zielvorstellungen für meine Zukunft zu haben. Und meine Träume und Wünsche sind mir ebenfalls Motivation für mein weiteres Leben. Weil ich es mir wieder wert bin!

Wir alle sollten uns immer neue Ziele setzen. Auf der Welt läuft momentan noch so viel schief, aber wenn wir alle fest zusammenhalten und alte Konflikte bereinigen, könnten wir vielleicht tatsächlich einen spirituellen Evolutionsschub machen, auch wenn dieser Prozess sehr viel Zeit braucht und enorme Energie kosten wird. Denn wer weiß, vielleicht schreibt Gott ja tatsächlich gerade am dritten Testament, und wir befinden uns vielleicht schon in einem schmerzlichen Wachstumsprozess. Die Welt liegt in Geburtswehen und erfährt allerorten Veränderungen.

Blicken wir also trotz aller schlimmen Nachrichten, die uns fast täglich aus aller Welt erreichen, optimistisch in die Zukunft. Hoffnungsschimmer gibt es immer und auch überall.

JA zum Leben

JA, ich bin krank

ABER trotzdem und vielleicht auch gerade deshalb:

JA, ich bin glücklich und zufrieden
JA, ich will leben
JA, ich will weitermachen
JA, ich liebe mich und mein Leben
JA, ich lebe nur im Hier und Jetzt, im Heute

ICH SAGE JA ZUM LEBEN!

Nachwort – Mein »Phönixflug«

Meine Erfahrungen der letzten Jahre erinnern mich an das Fabelwesen »Phönix«, jenen Vogel, der verbrennt und stirbt, um dann aus seiner eigenen Asche wiederaufzuerstehen.

Ich bin auch aus Manien, Depressionen, Ängsten und einer Psychose wiederauferstanden und habe es immer wieder geschafft, mich selbst zu retten oder mich retten zu lassen. So habe ich mit meiner Krankheit zu leben gelernt. Ich fühlte mich verbrannt, konnte mich aber neu finden und ins Leben zurückkehren.

Rückblickend kann ich sagen, dass mich meine Krisen stärker und reifer werden ließen und ich die dunklen Zeiten meines bisherigen Lebens auf eine gewisse Weise sogar wertschätze.

So fühle ich mich als ein stolzer Phönix. Mein Tattoo auf dem Rücken, das einen Phönix zeigt, habe ich mir übrigens zu einer Zeit stechen lassen, als die bipolare Störung noch nicht diagnostiziert war. Meine Seele ahnte

Hinter jeder Ruine zeigt sich ein Hoffnungsschimmer …

aber wohl schon, was mir bevorstehen würde. Ist dieser Gedanke nicht unheimlich, geheimnisvoll und tröstend zugleich?

Nach vorne blicken, neu auferstehen und wieder fliegen!

»Finde den Frieden im brennenden Haus.«
(buddhistische Weisheit)

Nach vorne blicken, neu auferstehen – und wieder fliegen!

Bildnachweis

Fotos aus dem Privatarchiv der Autorin
6, 9, 31, 33, 36, 75, 106, 130, 134, 152

Werke der Autorin
11, 19 (nach Alexej von Jawlensy: Alexander Sacharoff) 23, 44, 71, 95 (nach Edvard Munch: Der Schrei), 114, 131, 149, 151, 153

Fotos von Corinna Gänßle
29, 51, 55, 57, 78, 87, 89, 111

Tattoos von Hugh Skiffington u.a.
29, 51, 55, 57, 78, 87, 89, 111, 130

Inhalt

Vorwort 7
Wenn dich die Angst beherrscht mit all ihrer Macht 9

Kapitel 1 11
Der wundersame Fernseher 12
Geisteskrank? 15
Hintergrundinformationen zu meinen Erkrankungen 19
Erinnerungsfetzen aus der Psychose 24
Warum wurde ich bipolar? 85
Überforderung in der Psychose 86

Zwölf vor fünf 88
Der erste Suizidversuch 90
Der zweite Suizidversuch 103
Der dritte Suizidversuch 105
Hinweis und Fazit zum Thema Suizid 113
Wenn dich Zwänge einengen … 116
Tipps, damit die Zwänge nicht mehr so einengen 123
Aggression und Angst 126
Wie sich Zwangsgedanken anfühlen 127
Hoffnung 129

Vera im Drogenwunderland 131
Suchtlebenslauf 133
Die NA-Gemeinschaft 135

Freunde – Liebe – Spiritualität 140
Spiritualität 145
Neue Ziele 149
JA zum Leben 152

Nachwort – Mein »Phönixflug« 153
Bildnachweis **155**

Mit schonungsloser Ehrlichkeit und einer reichlichen Portion Selbstironie erzählt Anne Schätzko die skurrilen Geschichten, seltsamen Begegnungen und haarsträubenden Abenteuer, die sie während ihrer manischen Phasen erlebte. Auch oder gerade weil sie die schweren und dunklen depressiven Phasen und ihre vielen Suizidversuche, die sie schwer behindert überlebte, nicht verschweigt, ist ihre Lebensgeschichte das Zeugnis einer mutigen Frau und deren Liebe zum Leben.

Anne Schätzko
Flambierte Rosinen
Manisch-depressiv – Leben in Extremen
Kartoniert, 121 Seiten, 19 × 12 cm
ISBN 978 3-942006-02-6

Auch als E-Book lieferbar:
ISBN 978-3-942006-92-7

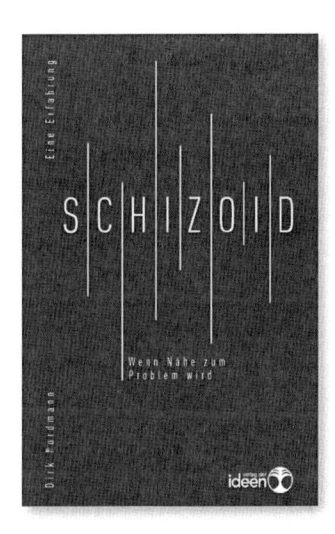

Mobbing, Prügel und Waffen in der Schule – ignorante Eltern, Kampfsport, ausbeuterische Arbeitgeber und Bordelle – Problembeziehungen, Transsexualität und lebensgefährliche Operationen ...
Dirk Nordmann hat es nie leicht gehabt mit den Menschen, die ihm meist bedrohlich vorkamen. Der innere Konflikt zwischen dem Wunsch nach Nähe und der Angst, sich selbst dabei zu verlieren, prägen Dirks Leben bis heute.

Dirk Nordmann
Schizoid
Wenn Nähe zum Problem wird – Eine Erfahrung
Kartoniert, 254 Seiten, 19 × 12 cm
ISBN 978-3-942006-14-9

Auch als E-Book lieferbar:
ISBN 978-3-942006-95-8